乡村振兴战略背景下种业知识产权保护的法律制度变革研究

XIANGCUNZHENXINGZHANLÜEBEIJING XIA ZHONGYEZHISHICHANQUANBAOHU DE FALÜZHIDUBIANGEYANJIU

陶弈成 龙圣锦 主编

中国政法大学出版社

2023·北京

声　　明　　1. 版权所有，侵权必究。

　　　　　　2. 如有缺页、倒装问题，由出版社负责退换。

图书在版编目（ＣＩＰ）数据

乡村振兴战略背景下种业知识产权保护的法律制度变革研究/陶弈成，龙圣锦著.—北京：中国政法大学出版社，2023.8
ISBN 978-7-5764-1097-6

Ⅰ.①乡… Ⅱ.①陶… ②龙… Ⅲ.①种子—知识产权—保护—研究—中国 Ⅳ.①D923.404

中国国家版本馆CIP数据核字(2023)第174328号

出 版 者	中国政法大学出版社
地　　址	北京市海淀区西土城路 25 号
邮寄地址	北京 100088 信箱 8034 分箱　邮编 100088
网　　址	http://www.cuplpress.com (网络实名：中国政法大学出版社)
电　　话	010-58908586(编辑部) 58908334(邮购部)
编辑邮箱	zhengfadch@126.com
承　　印	固安华明印业有限公司
开　　本	720mm×960mm　　1/16
印　　张	9.75
字　　数	180 千字
版　　次	2023 年 8 月第 1 版
印　　次	2023 年 8 月第 1 次印刷
定　　价	49.00 元

目 录
CONTENTS

第一章　本书的概述 ································· 001
  一、本书的背景与意义 ····························· 001
  二、本书的文献综述 ······························· 003
  （一）国内研究现状 ······························· 003
  （二）国外研究现状 ······························· 006
  三、本书的研究方法与内容架构 ··············· 007
  （一）本书的研究方法 ····························· 007
  （二）本书的内容结构 ····························· 009

第二章　种业知识产权保护法律制度的发展脉络 ··· 012
  一、种业知识产权保护法律制度的发展历程与现状 ··· 012
  （一）植物新品种保护制度建立的背景 ········ 012
  （二）植物新品种保护制度的建立与发展 ······ 013
  （三）种业知识产权保护法律制度的发展现状 ··· 018
  二、乡村振兴战略与种业知识产权保护法律制度变革 ··· 022
  （一）乡村振兴战略的学理解读 ·················· 022
  （二）乡村振兴战略背景下种业知识产权保护法律制度变革逻辑 ··· 026

第三章 种业知识产权保护法律制度的内生逻辑·················· 032
一、平衡育种创新激励与种业知识产权惠益分享 ············ 032
（一）激励育种创新是种业知识产权的首要功能 ············ 032
（二）分享育种创新惠益是种业知识产权保护的根本目的 ········ 035
（三）利益平衡是种业知识产权保护的应有之义 ············ 037
二、实质性派生品种权制度促成种质资源创新"强保护" ········ 039
（一）平衡原始与派生品种育种人利益 ················ 039
（二）强化原始品种育种创新激励 ·················· 042
（三）强化种质资源创新国际竞争力 ················· 044
三、农民留种权制度维护农民生产习惯与生存权利 ·········· 047
（一）农民留种权是对品种权人权利的合理限制 ············ 047
（二）农民留种权维护农民生产习惯 ················· 049
（三）农民留种权维护农民生存权利 ················· 052

第四章 种业知识产权保护的制度困境························ 054
一、实质性派生品种权制度损及关联权利行使 ············· 054
（一）权利竞合与权利许可使用冲突 ················· 054
（二）强化原始育种创新激励与原始育种创新准公共品定位矛盾 ··· 057
二、农民留种权制度滞后与农业产业化生产矛盾 ············ 059
（一）农民留种权权利主体范围模糊 ················· 060
（二）农业企业规模化经营引发农民留种权滥用风险 ·········· 062
（三）农民留种权面临技术架空危机 ················· 064
三、农民种质遗传资源保育者权利缺位 ················· 066
（一）种质遗传资源保育者权利缺位诱发保育补偿缺位与种质遗传
资源流失困境 ························· 066

（二）种质资源保育者权利缺位弱化农民种质遗传资源权利主体
属性 ·· 068
（三）种质遗传资源保育权缺位折射农民权利与种业知识产权
保护内生矛盾 ··· 069

第五章 种业知识产权保护法律制度的价值转型·············· 071
一、基于利益平衡理念塑造实质性派生品种权制度·············· 071
（一）协调效率与公平价值，合理设定实质性派生品种权
行使规则 ·· 071
（二）原始育种人与品种权利用人的权益平衡 ····················· 073
（三）原始育种激励与育种创新公共品供给平衡 ················· 075
二、基于实质正义理念塑造农民留种权制度 ·························· 078
（一）实质正义理念的法理内涵 ·· 078
（二）农民权益优先保护，保障农民的生存发展权利 ········· 082
三、基于分配正义理念构建种质遗传资源保育权制度·········· 085
（一）分配正义理念的法理内涵 ·· 085
（二）落实农民种质遗传资源保育权益，实现惠益分享分配正义 ··· 088

第六章 乡村振兴战略背景下种业知识产权保护的法律制度变革
路径 ··· 093
一、框定实质性派生品种权制度的激励模式 ·························· 093
（一）构建种业知识产权行使的优先权与权利补偿制度············ 093
（二）构建平衡育种人与用种人利益的品种权联盟 ············· 097
（三）科学界定原始育种创新的权利激励方式 ····················· 100
二、完善以生存发展权为核心的农民留种权·························· 103
（一）农民留种权的生存发展权本质 ···································· 103

（二）明确农民留种权的权利主体 …………………………… 105
（三）重塑农民留种权的权利行为模式 ………………………… 107
三、构建以农民群体惠益权为核心的种质遗传资源保育权 ……… 108
（一）创设以收益权为核心的种质遗传资源保育权 …………… 109
（二）建立种质遗传资源保育权利的权益与贡献相匹配特性 …… 112

结　语 ………………………………………………………………… 116
参考文献 ……………………………………………………………… 118
附录：相关法律法规 ………………………………………………… 127
后　记 ………………………………………………………………… 151

第一章　本书的概述

一、本书的背景与意义

我国幅员辽阔，物产广博，生物遗传资源极其丰富，是种质遗传资源大国。农业为国民经济发展的基础产业，是国民经济稳定可持续发展与国家参与国际产业竞争的热点领域。种业科技是农业经济竞争的核心，更是促进农业经济可持续发展的关键，现代种业是科技含量极高的产业，不仅形成了现代生物科技育种的全新模式，更属知识产权保护的重要领域，在乡村振兴战略背景下探究种业知识产权保护法律制度的发展变革是特定时代背景下对知识产权法律制度供给需要的回应。

农业是国家生存的根本，种子为农业发展的第一驱动力。种业为我国战略性产业，建立知识产权制度激励育种技术创新被视为维护国家粮食安全、实现农业现代化的根基。一方面，种业科技是保障粮食安全的基础。我国人口基数庞大，耕地面积有限，人均耕地面积较小。在此条件下要保障主要农产品供给，维护国家粮食安全，应从促进科技进步的环节寻找出路，从提高农作物单位面积产量与研发高产粮食新品种角度着手。从历史的角度来看，优良作物品种的培育与推广能够成为农作物产量稳定增长的重要来源。据国家统计部门的相关数据，截至 2020 年，我国年粮食产量超过 1.3 万亿斤，其中优良粮食品种实现了近半的贡献率，成为粮食丰收与稳定主要商品粮可持续增长的重要原因。另一方面，种业是农业的"芯片"，种业振兴是农业现代化的基础，实现"种业科技自立自强、种源自主可控"是乡村振兴战略背景下提升农业育种水平、促进农业现代化发展的内在需要。自习近平总书记提出种业振兴行动以来，我国育种科技便进入快速发展的阶段，本土培育品种作物种植比率持续攀升，科技发展加速促进中国种业大发展格局形成。[1]但是，在肯定种业科技为促进国家粮食安全、实现农业现代化作出巨大贡献的同时，仍应认识到种业科技发展过程中所面临的种种问题。譬如，我国育种研发投资存在风险高、回报周期长的弊端，诱发激励不足的市场失灵的问题，致使我国种子企业育种能力较弱，种子企业研发投入与发达国家种子企业存在巨大差距。[2]又如，种质遗传资源是种业科技的核心资源，更是育种创新的前提条件。尽管我国是生物物种资源大国，种质遗传资源数量多且分布广，但又面临国内育种研发对种质遗传资源转化利用能力不足与优质种质遗传资源向境外流失的双重困境，造成我国坐拥世界第一大种子市场而大量蔬菜、花卉等重要作物种子却被国际种业巨头把控的不利局面。[3]再如，激励育种科技创新最终需落实为研发人的育种收益，但同时亦产生作为用种人的农民生产成本上升问题，如何在实现育种创新有效激励的同时维护农民的合法权益成为促进种业科技发展过程中不得不正视的问题。

技术创新是现代生产力的核心，技术创新的有效激励有赖于知识产权保护法律制度的科学构建。种业知识产权保护法律制度是对关涉育种

---

[1] 余志刚、宫思羽："新发展格局下实现种业科技自立自强的瓶颈及其破解"，载《中州学刊》2023年第2期。

[2] 仇焕广等："打好种业翻身仗：中国种业发展的困境与选择"，载《农业经济问题》2022年第8期。

[3] 毛长青、许鹤瀛、韩喜平："推进种业振兴行动的意义、挑战与对策"，载《农业经济问题》2021年第12期。

技术创新的知识产权保护法律制度的统称,而育种创新在促进种业振兴、实施乡村振兴战略中的重要地位决定了促进种业知识产权保护法律制度发展变革的重要性与必要性。利益平衡是知识产权法律制度的重要价值承载,乡村振兴战略的提出更使得种业知识产权保护法律制度的发展演进不能仅考量育种创新激励的问题,更应考量用种农民、种质遗传资源保育人等多方主体的权益,实现用种人、保育人、育种创新人利益共同实现的目的。故本书拟在乡村振兴战略的时代背景下,梳理我国种业知识产权保护法律制度的发展过程与制度现状,在提炼其制度背后所蕴含的制度机理、法理逻辑的基础上挖掘其所面临的困境与问题,进而在提出价值转型理念的前提下,探索乡村振兴战略背景下种业知识产权保护法律制度的变革路径。

二、本书的文献综述

(一) 国内研究现状

种业知识产权保护法律制度在我国起步较晚但发展较快,囿于种业知识产权所涉利益主体的多元性与利益关系的复杂性,国内关于种业知识产权保护法律制度的研究呈现为农民留种权、品种权、种质遗传资源权以及实质性派生品种权制度等多个面向。

农民留种权是农民对植物新品种作物自繁自用的权利,是对品种权人权利的限制。张志伟认为,立法赋予的农民留种权[1]在农地"三权分置"背景下面临留种权主体是否应随农地经营主体的多元化而多元、

---

[1]《种子法》第29条对农民留种权作了"农民自繁自用授权品种的繁殖材料,无需品种权人许可"的规定。《种子法》,即《中华人民共和国种子法》。为表述方便,本书中涉及我国法律文件直接使用简称,省去"中华人民共和国"字样,全书统一,后不赘述。

新型农地经营主体的留种权应如何规范等问题，在比较考量美国法上任何个人都享有将自己保存的种子用于生产销售的权利的规定基础上，我国留种权应进行"生产规模"的限制。[1]

万志前认为，囿于专利权与品种权的双重权利保护模式，农民留种面临留种权是否适用专利权穷竭原则不明与植物品种权保护条件下留种权的权利主体、留种目的与数量模糊的双重困境，化解农民留种权权利困境的根本在于在确立种业知识产权弱保护格局的基础上，通过构建补偿金制度与种业知识产权管理组织的方式平衡各方利益。[2]除此之外，万志前亦对参与式育种中的农民权利展开研究。他认为，农民在参与式育种中的种质遗传资源保育、投资与研发等作用决定了农民分享育种惠益、留种权的正当性，保障农民权利应从建立农民品种权制度、完善农民留种权制度、明确惠益分享机制以及建立科学的合同实现权利机制入手。[3]

种业知识产权的利益主体多元性与利益关系复杂性决定了品种权权利运行应考虑利益关联主体权益，因此引发学界关注。董银果等学者认为，植物品种权与专利权保护能够发挥协调、激励、创新的作用，但种业知识产权保护强度的上升亦可能诱发种质遗传资源被独占、技术壁垒限制以及以"专利丛林"形式为代表的"反公地悲剧"问题，故如若推行更高强度的种业知识产权保护制度需谨慎处之。[4]万志前认为，种业知识产权保护中品种权、专利权并行保护的制度设计将会引发同一

---

[1] 张志伟："农地三权分置背景下留种权制度的完善"，载《华东政法大学学报》2018年第3期。

[2] 万志前："农民留种的困境与出路——基于知识产权的视角"，载《江汉论坛》2020年第11期。

[3] 万志前、张文斐："论参与式植物育种中的农民权利及惠益分享"，载《华中科技大学学报（社会科学版）》2016年第4期。

[4] 董银果、张琳琛、王悦："种业知识产权保护制度与植物育种创新的协同演化——基于历史回顾和文献综述视角"，载《中国科技论坛》2022年第3期。

植物品种上专利权与品种权并存的风险,引发育种豁免、农民留种权难以实现以及专利权或品种权自身难以有效应用的问题,基于利益平衡的逻辑,应通过将育种豁免和留种豁免引入专利法、品种权与专利权相关法律制度的方式建立交叉许可机制,促成制度间的协调。[1]

种质遗传资源是育种创新的基础,如何维护为保育种质遗传资源作出贡献的农民的权益亦引发国内学者的关注。斜晓东从遗传资源知识产权保护的角度认为,遗传资源与依附于遗传资源产生的创造发明之间是"源"与"流"的关系,当前国际遗传资源知识产权利益分配失衡实质上为现代化背景下发展中国家与发达国家间的博弈,反映为"强弱主体利益博弈、文化间的征服与冲突以及发展中国家与发达国家在全球治理体系中的身份认同"等。[2]胡小伟认为,农民群体保存、改良农业遗传资源的贡献决定了其享有包含分享育种惠益等权益在内的农业遗传资源权,但构建农业遗传资源权尚面临权利客体范畴模糊、权利性质争议较多以及权利主体认定困难等问题,故该权利构建应从明确权利诞生的法理依据、明确权利的民事财产权属性、明确权利主体与权利内容等方面完善。[3]张海燕认为,遗传资源权应归属为集体权利的范畴,属于具有较强公权属性的私权利,是旨在实现集体分享遗传资源惠益的权利,考虑到遗传资源权利归属的多元主体特征,应作遗传资源所有人为国家、遗传资源控制支配群体为权利支配人的制度设计。[4]

实质性派生品种权制度为《国际植物新品种保护公约》(UPOV 公

---

[1] 万志前、冉光清:"专利权与品种权的共存:问题与解决",载《私法》2018 年第 2 期。
[2] 斜晓东、黄秀蓉:"利益博弈-文化征服-身份认同:遗传资源知识产权的深层解读",载《学术月刊》2017 年第 9 期。
[3] 胡小伟:"农业遗传资源权的生成及其体系构建",载《华中农业大学学报(社会科学版)》2017 年第 3 期。
[4] 张海燕:"遗传资源权权利主体的分析——基于遗传资源权复合式权利主体的构想",载《政治与法律》2011 年第 2 期。

约)(1991年文本)中规定的制度,亦为我国《种子法》2021年修正时新增加的制度,其承载的激励原始创新功能及其可能产生的广泛影响引发学者关注。唐力等人以水稻新品种为切入口研究后发现,派生品种的研发与利用有助于我国农业品种的自主创新,法律保护派生品种权利亦未对原始育种创新形成负面影响,原始育种应体现政府公共投资与市场激励的平衡。[1]徐志刚等人研究63个国家1984年至2015年的相关育种数据后认为,实质性派生品种权制度的实施产生了品种权申请量、授权量增加的结果,具备促进育种技术创新的作用。其中,实质性派生品种制度对科研弱国的育种创新激励功能更为显著。[2]万志前认为,实质性派生品种权制度具有防范修饰性育种,激励原始创新的功效,但实施该制度可能面临"实质性"标准界定困难、派生品种权商业化障碍以及提增农民生存负担等问题,故引入实质性派生品种权制度的同时应做好相关配套制度的建设,如设定实质性派生品种判定阈值、完善权利许可责任规则以及政府补贴农民成本政策。[3]

(二) 国外研究现状

种业知识产权的利益关系复杂性、利益主体多元性同样引发了域外学界的广泛关注,主要集中在品种权、专利权及其对农民权益的影响等领域。

不少学者关注到品种权制度对育种研发投资激励的影响问题。朱利安·阿尔斯通和雷蒙德·文纳通过实证研究方法探究美国《植物品种

---

[1] 唐力、卞琦娟、展进涛:"UPOV联盟派生品种对我国农业自主创新影响分析——以水稻新品种为例",载《南京农业大学学报(社会科学版)》2013年第4期。

[2] 徐志刚、余金湘、章丹:"实质性派生品种制度对作物育种科技创新的影响研究",载《中国软科学》2021年第3期。

[3] 万志前、张媛:"实质性派生品种制度的缘起、困境与因应",载《浙江农业学报》2020年第11期。

保护法》对小麦作物育种的影响。其得出的结论为，育种企业对小麦育种研发的投入增长并未对农业生产过程中小麦产量的增加提供助力。而从育种创新激励来看，《植物品种保护法》的施行对政府公共研发部门的小麦育种创新激励远强于私人部门。[1]

在留种权与品种权的矛盾与协调的问题上，斯里尼瓦桑等学者探讨了农民留种权权利保护方式与树立边界的问题。[2]赫勒对基因专利的"反公地悲剧"问题展开关注，反思了政府管制形成阻碍专利权权利实现的反公共品问题。[3]

三、本书的研究方法与内容架构

（一）本书的研究方法

本书的研究方法主要包括规范研究法、文献研究法、法经济学研究

---

[1] JulianM. Alston, RaymondJ. Venner. "The effect of the Us Plant Variety Protection Acton wheat genetic improvement", *Research Policy*, 31 (2002), pp. 527~542.

[2] 斯里尼瓦桑指出，发展中国家所建立的品种权保护制度对育种者权利给予了过多的关注，而对农户在新品种创新过程中的作用却关注不够，这对于农民来说是不公平的。为了保护农民应有的权利，平衡育种者与农户之间的利益，有必要将农民权利保障的相关内容纳入植物新品种保护法律法规中。但如果从促进育种创新的角度来看，农民的留种行为事实上又是侵害品种权人知识产权的侵权行为。要有效地约束或限制这种侵权行为，权利人可能需要为此付出高昂的维权成本，同时还需要国家强有力的知识产权执法、司法体系予以保障。有鉴于此，作为权利人的育种企业可能作出两种选择：一是育种企业事先就考虑到了农民的留种行为而直接以提高种子销售价格的形式一次性弥补因农民留种而受到的损失，另一种则是企业通过终结技术以及侵权行为发生后的法律救济手段来限制农民留种行为，以回收其早期的研究成本。参见喻亚平："基于品种权保护的我国农作物育种制度创新研究"，华中农业大学2014年博士学位论文。

[3] 赫勒以20世纪80年代美国生物医学行业的私有化变革为背景，即政府鼓励大学和其他机构对联邦政府支持的研究成果申请专利，并将其卖给私营部门。他认为生物医学行业这一改革的"非意图后果"是阻碍了专利成果的临床运用，原因是基础研究的专利权人希望从专利让与中获得更高的收益，从而使后续的潜在开发者无法获得原本可获得的价值。政府可能无意中制造了两种反公共品：一是为未来的产品制造而并行的、碎片化的知识产权；二是允许过多上游专利权人在下游权利人未来的专利上叠加许可。See MichaelA, Heller&RebeccaS, Eisenberg, "Can Patents Deter Innovation?", *The Anticommonsin Biomedical Research*, *Science*, Vol.280, 698 (1998).

法、案例研究法与比较研究法五种：

规范研究法。通过对法律法规等相关规范的研究发现种业知识产权保护法律制度中存在的真实问题为该研究方法的基本目的。通过对北大法宝、政府网站等平台公布的有关立法、政策文件的检索与收集，梳理出与促进种业振兴、实现乡村振兴战略以及种业知识产权保护法律制度有关的立法资料，为本书研究提供客观、全面的规范研究材料。通过对与种业振兴、乡村振兴以及种业知识产权保护有关的政策文件、法律法规进行分析，梳理出种业知识产权保护法律制度的发展历程以及乡村振兴战略提出后对种业知识产权保护法律制度发展的影响。在此基础上挖掘种业知识产权保护法律制度发展演变的内在逻辑与制度困境，进而研究其价值转型与制度变革理路。

文献研究法。探究乡村振兴战略背景下种业知识产权保护的制度变革问题，其研究基础为乡村振兴战略、知识产权激励创新理论、知识产权利益平衡理论、实质正义理论、分配正义理论等相关内容。本书将对与前述主题有关的专著、期刊论文、学位论文、立法资料、案例、网络媒体资料等材料进行收集整理、归纳分析，在对有关文献进行全面、系统研究的基础上，挖掘出种业知识产权保护法律制度衍生、发展、面临困境与制度变革背后的理论逻辑，探索出一条将相关制度原理运用于种业知识产权保护法律制度变革的可行路径。

法经济学研究法。本书旨在从法经济学的视角出发，对种业知识产权保护法律制度激励创新的规则制定、运行进行成本和收益的分析，以此对法律实施的效果及其社会价值作出评价。本书将在归纳、运用"理性人"假设、"公平偏好"理论、激励理论等经济学原理的基础上，分析种业知识产权保护制度困境的真实成因，将经济学原理与法学理论、法律制度的建设和完善相结合，构建出一条种业知识产权有效激励与惠益分享相平衡的可行路径。

案例研究法。本书选取农民留种权、品种权侵权领域发生的典型案件、事例作为研究切入点，借助北大法宝与政府网站对相关政策文件、法律法规的梳理以及统计年鉴、公报对有关数据的整理、收集，分析典型案件、事例的产生原因，挖掘其背后的法律制度基础，提炼总结产生前述问题的一般性原理。在此基础上，通过对法律制度与种业知识产权相关利益主体的行为动机的利益导向分析，借鉴域外立法与其他相类似法律制度的先进经验，为我国种业知识产权保护法律制度的发展变革提供参考经验。

比较研究法。尽管《种子法》等相关立法已对种质资源国家主权、实质性派生品种权以及农民留种权等相关制度予以规定，但现有规则尚缺乏对种业知识产权利益相关主体间复杂法律关系的全面规定，尤其是种质遗传资源保育人、作为用种人的农民的权益在相关立法中难以获得体现。本书将以域外美国、印度等国家的留种权、农民育种惠益分享权利制度以及我国不动产物权、专利权法律制度中的有借鉴价值的制度作为比较研究的对象，对美国法中的留种权制度、印度法中的农民惠益分享权以及我国不动产物权法律制度中的"房地一体化"原则、专利权法律制度中的专利权联盟等相关法律制度展开研究，对其法律制度构建及其背后的法律运行原理进行比较分析，在此基础上发现其异同，分析其原因并作出适当的评价。

（二）本书的内容结构

除结语、参考文献、法律法规附录及后记外，本书共分为六章。全书以"乡村振兴战略背景下种业知识产权保护法律制度应促成各方利益共同实现"为核心命题与逻辑主线，遵循"发现问题—分析问题—解决问题"的研究思路与论证路径，分析种业知识产权保护法律制度所蕴含的法理逻辑与价值理念，挖掘种业知识产权保护所面临的制度困境，论证应以蕴含"利益平衡""实质正义"与"分配正义"理念的全方位价值转型思路塑造种业知识产权保护法律制度的发展逻辑，进而提出"框定实质性派生品种权制度的激励模式""完善以生存发展权为核心的农民留种权"与"构建以农民群体惠益权为核心的种质遗传资源保育权"的全面性制度变革路径。

在第一章"本书的概述"部分，该章将对本书的写作背景与现实意义、关涉种业知识产权保护研究的域内外文献综述、本书所采用的研究方法以及内容框架结构等重要问题进行介绍梳理，简明扼要地概括本书的写作目的、方法以及想要探索思考的问题。

在第二章"种业知识产权保护法律制度的发展脉络"部分，该章将对种业知识产权保护法律制度的发展历程与现状予以梳理，在此基础上分析乡村振兴战略与种业知识产权保护法律制度间的辩证关系，提出乡村振兴战略对种业知识产权保护法律制度的影响以及乡村振兴战略背景下种业知识产权保护法律制度发展变革的方向与思路。

在第三章"种业知识产权保护法律制度的内生逻辑"部分，该章旨在对种业知识产权保护法律制度发展演变的制度逻辑、内在机理予以总结梳理。首先，激励创新是知识产权法律制度的应有之义，但激励创新的根本目的在于促成创新收益的社会应用。该章将在明确种业知识产权保护法律制度激励创新功能的基础上，剖析种业知识产权激励创新与惠益分享相平衡的法理逻辑与具体制度。其次，原始育种创新是育种创新的根基。该章将对 2021 年《种子法》修改增加实质性派生品种权制度所蕴含的激励原始育种创新价值进行解读剖析。最后，农民留种权是降低农民用种成本、维护农民生存发展权利的制度构建。该章将结合农民留种权的发展更迭进程，剖析农民留种权的权利内涵。

在第四章"种业知识产权保护的制度困境"部分，该章将从种业知识产权相关利益主体的多元性、所涉利益关系的复杂性角度出发，分析种业知识产权保护过程中所面临的制度性困境。具体而言，存在实质性派生品种权制度过度强调市场激励损害关联权利人权益、农民留种权制度滞后难以适应农业产业化生产的发展趋势与农民作为种质遗传资源保育者权利缺位的困境。该章将在剖析种业知识产权保护法律制度的内在矛盾、缺陷的基础上，归纳提炼其背后的价值性议题。

在第五章"种业知识产权保护法律制度的价值转型"部分，该章旨在提炼种业知识产权保护法律制度进一步发展演变所应遵循的价值内涵。第一，"实质性派生品种权制度损及关联权利行使"问题的实质为实质性派生品种权制度单一强调激励原始育种创新而欠缺平衡多方利益的内容，科学的制度构建前提在于注入利益平衡理念，促成关联方的育种利益均衡。第二，农民留种权制度滞后与农业产业化生产矛盾的实质为农民留种权对权利主体、行为模式的模糊规定与农业产业化、规模化生产模式迅速形成的冲突，制度有效构建的基础在于基于实质正义理念维护经济弱势农民的合法权益。第三，农民种质遗传资源保育者权利缺位的实质为作为种质遗传资源保育人的农民的权益在种业知识产权保护法律制度中未有体现，有效维护其权益的前提在于在其制度构建中注入分配正义理念。

在第六章"乡村振兴战略背景下种业知识产权保护的法律制度变革路径"部分，该章旨在探讨乡村振兴战略背景下种业知识产权保护法律制度的重构路径。第一，通过完善品种权强制许可制度、建立市场与政府激励共同影响的育种激励机制框定实质性派生品种权制度的激励模式。第二，通过核定农民留种权的权利主体、行为模式与权利边界的方式完善以生存发展权为核心的农民留种权。第三，建立以农民群体为主体的分享育种创新收益权的种质遗传资源保育权维护农民保育种质遗传资源的权利。

第二章 种业知识产权保护法律制度的发展脉络

梳理事物发展的历史脉络及其制度演变现状是剖析种业知识产权保护法律制度蕴含的法理逻辑、所面临的制度困境的前提,本章旨在对种业知识产权保护法律制度从诞生到发展壮大过程进行梳理的基础上,分析其制度发展演变的内在规律,进一步探究乡村振兴战略背景下种业知识产权保护法律制度变革的应然方向。

一、种业知识产权保护法律制度的发展历程与现状

随着农业科学技术的发展,农作物优良品种对促进农业生产发展发挥着越来越重要的作用,农作物育种成为农业技术创新中最活跃的因素。植物新品种保护相关法律制度的建立对于促进我国育种创新激励、农业可持续发展具有重要价值。

(一)植物新品种保护制度建立的背景

植物新品种作为农业科学技术的重要载体,是最重要的农业生产资料,在农业发展过程中始终具有重要的地位。但是,我国对植物新品种保护起步较晚,长期以来沿用的是品种审定制度。在此类行政管理措施的约束下,只有获得省级或国家级品种审定证书,新品种方可进行推广。同时,品种审定制度要求育种者将新品种的父母本及所有的育种信

息在审定开始阶段就全部提交出来。但由于育种信息公开了，而育种基地又控制在种子公司手里，所以育种研发单位与个人几乎无法从他们所培育的品种中获得任何收益，这严重地影响了育种者的品种收益权利，也制约了育种者进行科研育种的积极性与能动性。

另外，尽管1984年我国制定了《专利法》激励技术创新，但该法不保护植物新品种，仅对种子基因、育种方法授予专利权。《专利法》只保护植物新品种的培育过程而不保护植物新品种本身的规定，不能有效地保护育种者的利益，因而也就无法激发他们培育植物新品种的积极性。

与此同时，知识产权在国际经济贸易中的重要性攀升提升了世界各国对建立植物新品种知识产权保护法律制度的重视，相关制度逐渐在各国建立起来。[1]正是在这一国际国内背景下，中国植物新品种保护制度开始诞生。

(二) 植物新品种保护制度的建立与发展

1997年3月，我国颁布《植物新品种保护条例》，规定由原农业部和原国家林业局共同负责中国植物新品种的申请、审查、授权工作；

---

[1] 随着知识产权在国际经济贸易中的比重越来越大，以美国、欧盟为代表的发达国家极力推动将知识产权保护纳入世界贸易组织（WTO）一揽子协议，形成《与贸易有关的知识产权协议》（即TRIPs协议）。该协议第27条第3款第（b）项规定，WTO成员应当以专利获有效的专门制度（effectivesuigenerissystems）或两种制度的结合，对植物新品种提供有效保护。但TRIPs协议对有效的专门制度（effectivesuigenerissystems）并没有给予确切的定义，也没有要求缔约方将UPOV公约作为有效的专门制度采用。但大多数工业国家认为国际植物新品种保护联盟（UPOV）所提供的模式是目前最好的专门制度，而且WTO本身也极力倾向于将UPOV所设计的制度作为TRIPs协议中所谓有效的专门制度（effectivesuigenerissystems）。而在TRIPs协议形成以前，知识产权制度是各国的国内政策，各国自主决定其保护范围、保护内容、保护水平、执行强度。但由于WTO的约束力和TRIPs协议的贸易制裁功能，以及发达国家通过双边或多边协议向发展中国家施加压力，许多发展中国家都逐步建立或加强了国内植物新品种保护制度。参见喻亚平："基于品种权保护的我国农作物育种制度创新研究"，华中农业大学2014年博士学位论文。

1999年4月23日,我国加入国际植物新品种保护联盟(UPOV),履行UPOV公约(1978年文本),同时正式启动实施《植物新品种保护条例》。1999年6月16日,原农业部发布《植物新品种保护条例实施细则(农业部分)》,规定了农业植物新品种的范围,受理和审查机关,品种权的内容和归属,授予品种权的条件,品种权的申请和受理等。原农业部依据《植物新品种保护条例》第3条的规定,先后制定、颁布了《植物新品种保护条例实施细则(农业部分)》《农业部植物新品种复审委员会审理规定》《农业植物新品种权侵权案件处理规定》等部门规章。另外,国家还颁布了《农业法》《种子法》《农作物种质资源管理办法》等法律法规,最高人民法院颁布了《关于审理植物新品种纠纷案件若干问题的解释》和《关于审理侵犯植物新品种权纠纷案件具体应用法律问题的若干规定》(已被修改)等司法解释。至此,农业植物新品种保护制度的法律框架基本形成。

1. 《植物新品种保护条例》的出台与发展

1993年5月,原国家专利局、原农业部、原国务院法制局共同组成联合调查小组,开始植物新品种保护立法的各项调研工作;1995年5月开始起草《植物新品种保护条例》;同年8月,该条例草案下发近400个行政、科研、教学单位征求意见。几经修改,1997年3月20日正式发布了《植物新品种保护条例》,于同年10月1日起实行;该条例规定,由国务院农业、林业行政部门共同负责植物新品种权申请的受理、审查和对符合规定的植物新品种授予植物新品种权。《植物新品种保护条例》的颁布实施,正式确立了我国对植物新品种提供专门保护的制度。

《植物新品种保护条例》共分为8章46条,包括总则、品种权的内容和归属、授予品种权的条件、品种权的申请和受理、品种权的审查与批准、品种权的期限、终止和无效、侵犯品种权的法律责任等规定。首先,《植物新品种保护条例》明确了凡经过人工培育或者对发现的野生植物经人工栽培开发后培育的,具备新颖性、特异性和稳定性并有适当命名的植物品种均可申请植物新品种权。其次,《植物新品种保护条例》规定被授予植物新品种权的植物品种,必须具备授予品种权的条件。根据《植物新品种保护条例》第 2 条、第 14 条、第 15 条、第 16 条、第 17 条、第 18 条的规定,授予植物新品种权的基本前提:一是要经过人工培育,非栽培(un-cultivation)品种不能被授予品种权(发现的野生植物如未加以人工开发栽培则不能被授予植物新品种权)。二是要"四性"同时具备,即具备新颖性、特异性、一致性和稳定性。三是要有适当的命名。授予品种权的植物新品种应当具备适当的名称,并与相同或者相近的植物属或者种中已知品种的名称相区别。另外,《植物新品种保护条例》还规定了品种权的使用及其豁免。植物新品种的申请权和品种权可以依法转让。为了国家利益或者公共利益,审批机关可以作出实施植物新品种强制许可的决定,但取得实施强制许可的单位或者个人应当付给品种权人合理的使用费,其数额由双方商定。双方不能达成协议的,由审批机关裁决。但以科研目的使用和农民自留使用的可以豁免。利用授权品种进行育种及其他科研活动和农民自繁自用授权品种的繁殖材料,可以不经品种权人许可,不向其支付使用费。

2.《种子法》和《农业法》相关规则的修改

2000 年 7 月 8 日第九届全国人民代表大会常务委员会第十六次会议通过的《种子法》进一步明确规定,在我国实施植物新品种保护制度。《种子法》确定植物新品种保护制度的意义在于,它以国家法律的形式肯定了这一制度,标志着我国种子产业和种业知识产权保护进入了新的历史阶段。该法确定了"品种"的定义,即"经过人工选育或者发现并经过改良,形态特征和生物学特性一致,遗传性状相对稳定的植物群体"。该法还明确规定,"国家实行植物新品种保护制度,对经过人工培育的或者发现的野生植物加以开发的植物品种,具备新颖性、特异性、一致性和稳定性的,授予植物新品种权,保护植物新品种权所有人的合法权益。具体办法按照国家有关规定执行。选育的品种得到推广应用的,育种者依法获得相应的经济利益"。

在此之后,我国《种子法》历经2004年、2013年以及2021年的多次修正,对种业知识产权保护法律制度进行了持续的完善。譬如,在2021年的《种子法》修正过程中,《种子法》扩大了植物新品种保护范围,植物新品种保护范围由授权品种的繁殖材料延伸到未经许可使用授权品种繁殖材料获得的收获材料,凡涉及由未经许可使用授权品种的繁殖材料而获得的收获材料,应当得到植物新品种权所有人的许可。同时,此次修法确立了实质性派生品种制度(EDV),规定对实质性派生品种实施"生产、繁殖和为繁殖而进行处理、许诺销售、销售、进口、出口以及为实施上述行为储存该授权品种的繁殖材料"或"使用授权品种的繁殖材料而获得的收获材料"等行为的,应当征得原始品种的植物新品种权所有人的同意。除此之外,2021年《种子法》通过"明确将故意作为惩罚性赔偿的构成要件""加大惩罚性赔偿数额""明确赔偿数额应当包括权利人为制止侵权行为所支付的合理开支"以及"提高对生产经营假种子、劣种子违法行为的罚款额度"等方式强化种业知识产权侵权赔偿力度。[1]

另外,2002年12月28日,全国人大常委会修订《农业法》,规定"国家保护植物新品种、农产品地理标志等知识产权,鼓励和引导农业科研、教育单位加强农业科学技术的基础研究和应用研究,传播和普及农业科学技术知识,加速科技成果转化与产业化,促进农业科学技术进步"。"国家扶持动植物品种的选育、生产、更新和良种的推广使用,

---

[1] 刘振伟:"努力提高种业知识产权保护法治化水平——关于《中华人民共和国种子法》修改",载《中国种业》2022年第2期。

鼓励品种选育和生产、经营相结合，实施种子工程和畜禽良种工程。国务院和省、自治区、直辖市人民政府设立专项资金，用于扶持动植物良种的选育和推广工作。"《种子法》和《农业法》对植物新品种保护的相关规定，使我国农业领域的这一知识产权保护制度更加完善。

3. 《农作物种质资源管理办法》与最高人民法院相关司法解释的制定与发展

种质资源是育种的物质基础和育种学家的基础材料。作物种质资源（cropgermplasm）是控制作物性状的基因的载体，因此作物种质资源又称作物基因资源（generesources）。由于目前人类还不具备创造基因的能力，只能在生物体之间转移、复制或修饰基因，因此作物育种实际上是对作物种质资源中的基因进行选择与组合。没有作物种质资源就没有作物育种。由此可见，作物种质资源是作物育种及其相关学科的生命物质基础，是培育作物优质、高产、抗病（虫）、抗逆新品种的物质基础。我国是世界作物种质资源最丰富的国家之一。制定农作物种质资源保护的相关法律法规与制度，是将我国的资源优势变为知识产权优势，培育出更多优质、高产、抗病（虫）、抗逆新品种的基本保障。2003年7月8日，原农业部公布《农作物种质资源管理办法》，旨在加强农作物种质资源保护，促进农作物种质资源的交流和利用。

《种子法》《植物新品种保护条例》等相关法律法规的颁布从立法角度明确了对植物新品种的知识产权保护。但如何在司法实践中对植物新品种进行保护，如何确保人民法院依法受理和公正审理涉及植物新品种权纠纷案件，是植物新品种司法保护中必须解决的问题。譬如，2001年2月5日，最高人民法院根据《民事诉讼法》《行政诉讼法》的有关规定，颁布了《关于审理植物新品种纠纷案件若干问题的解释》，明确了受理植物新品种案件的种类、管辖范围以及诉讼中止等问题。2007年1月12日，最高人民法院结合侵犯植物新品种权纠纷案件的审判经验和实际情况，公布了《关于审理侵犯植物新品种权纠纷案件具体应用法律问题的若干规定》，对《植物新品种保护条例》的法律适用进行了具体的解释，以及时、正确审理侵犯植物新品种权纠纷案件，依法保障当事人的合法权益。又如，最高人民法院于2021年颁布《关于审理侵害植物新品种权纠纷案件具体应用法律问题的若干规定（二）》，对品种权共有、品种权侵权诉讼证明责任、科研豁免特权等问题予以明晰。最高人民法院颁布的多项司法解释对正确处理植物新品种纠纷案件起到了积极的作用，为植物新品种提供了强有力的司法保障。

4. 我国缔结或者参加的国际条约

在国际条约方面，我国分别于1999年与2001年参加了《国际植物新品种保护公约》（UPOV公约）和《与贸易有关的知识产权协议》（TRIPs协议），其中UPOV公约采用的是1978年文本，前述两个协议成为我国种业知识产权保护法律制度的国际法依据。[1]

（三）种业知识产权保护法律制度的发展现状

历经近三十年的发展，我国种业知识产权保护法律制度取得一系列成就的同时也暴露出诸多缺陷，下文将予以梳理。

---

[1] 我国于1999年4月23日加入国际植物新品种保护联盟（UPOV），采取的是对植物新品种实施非专利的特别保护，履行UPOV公约1978年文本。2001年，我国加入世界贸易组织（WTO），同时履行TRIPs协议。TRIPs协议对成员的知识产权设立了最低保护标准，如果达不到该最低标准，将受到贸易制裁。该协议对农业领域内植物新品种的知识产权保护作出专门规定，协议第27条第3款第（b）项规定：WTO成员应以专利或有效的专门制度（effective sui generis systems），或两种制度结合，给植物新品种提供有效保护。大多数工业国家认为UPOV所提供的模式是目前最好的专门制度，而且WTO本身也极力倾向于将UPOV所设计的制度作为TRIPs协议所谓有效的专门制度（effective sui generis systems），UPOV模式成为植物育种发达国家力推的特别法保护模式。我国的植物新品种保护制度就是依据这两个国际条约的相关规定而制定的。以上法律法规和国际条约组成了我国农业植物新品种保护制度的法律框架，为我国农业植物新品种保护工作的实施提供了法律上的保障。参见邓武红："中国农业植物新品种保护制度研究"，西北农林科技大学2008年博士学位论文。

第二章 种业知识产权保护法律制度的发展脉络

1. 种业知识产权保护法律制度的成就

具体而言，种业知识产权保护法律制度的成就体现在种业知识产权自身的发展与种业知识产权对育种事业的促进作用两方面。

第一，种业知识产权自身获得快速发展。1999年，原农业部受理植物新品种申请115件，2012年申请总量突破1万件。实施植物新品种保护制度以来，植物新品种权申请总量已经突破5万件，已授权2万件，连续5年（2017年至2021年）植物新品种权申请量位居世界首位。2017年，国家深化放管服改革，取消品种权申请费用，植物新品种权出现"井喷式"增长，基本确立我国植物新品种保护大国地位。[1]

第二，种业知识产权对育种事业发展起到巨大促进作用。在国家政策支持下，中国种子研发和科技创新取得系列成就，目前我国拥有世界上最庞大的以公共研发为主体的育种研发队伍，多项重要粮食作物的育种研发水平处于国际前列，应用本土育种技术的粮食产量不断增长，保障了我国种业和粮食安全。[2]

2. 种业知识产权保护法律制度的缺陷

我国种业知识产权保护水平稳步提升的同时亦暴露出一些缺陷，阻碍种业的可持续发展，具体体现在如下方面：

第一，种业知识产权客体上多权利竞合。在传统的"自然学说"中，种子等植物产品为自然产物，并不符合新颖性、实用性等专利权保

---

[1] 杨红旗等："我国种业发展及其知识产权保护"，载《中国种业》2022年第9期。

[2] 我国在水稻、小麦等主要农作物研究领域处于国际前列，其中杂交水稻和转基因水稻的科技更处于国际领先水平；小麦、棉花育种也处于国际先进水平。油菜、甘蔗、蔬菜和水果等农作物新品种研发和创新能力也不断提升。中国粮食等主要农产品的种子自给率更是居世界领先地位，部分农产品种子进口依赖度较高并不影响国家种业和粮食安全。目前每年种子用量水稻约140万吨、小麦600万吨、玉米100多万吨、大豆65万吨，四大粮食作物种子合计在900万吨左右，几乎全部是国内生产的种子。尤其是水稻、玉米和小麦三大粮食作物，除了常规稻仍有不超过30%的农户自留种外，其余杂交稻、杂交玉米及小麦品种种子生产量几乎都大于用种量，在市场未放开的条件下实现了种业安全的绝对保障。参见黄季焜、胡瑞法："中国种子产业：成就、挑战和发展思路"，载《华南农业大学学报（社会科学版）》2023年第1期。

护的条件,因此通过特别保护制度——植物新品种制度予以保护。[1]相关数据显示,截至2021年,我国植物新品种权申请总量高达4.8万件,授权总量超过1.7万件,位居世界前列,植物新品种制度已成为种业知识产权保护的首要方式。[2]但是,尽管种子本身无法获得专利权保护,种子遗传基因、培育方法却能成为专利权保护的对象,再考虑到2021年修改的《种子法》增设了实质性派生品种制度,使得同一种子客体上呈现种业专利权与种业品种权权利竞合的现象。相较于传统私权强调维护权利人自身的利益而言,知识产权属于一种涉及多个主体的利益分配方式,立法保护知识产权的正当性不仅体现为权利人与作为权利客体的知识之间的利益关系,更蕴含于权利人与非权利人的利益平衡之中。[3]因此,种业知识产权的创设并非仅限于保障种业知识产权权利人的合法权益,更应注重于相关非权利人利益的有效实现。具体而言,除权利的许可使用方外,种业知识产权的相关利益人更涵盖获得豁免特权的农民与其他育种人,特定种子客体上的权利竞合存在引发"影响资源合理利用、阻碍各方权利实现"的"反公地悲剧"风险。

第二,原始育种创新激励配套机制尚处空缺。原始育种是育种创新的核心,也是建构国家种业核心竞争力的基础,故育种创新有效激励的关键在于建立对原始育种创新的激励机制。2021年《种子法》修改建立实质性派生品种权制度,制定实质性派生品种权实施"生产、繁殖和为繁殖而进行处理、许诺销售、销售、进口、出口以及为实施上述行为储存该授权品种的繁殖材料"或"使用授权品种的繁殖材料而获得

---

[1] 董银果、张琳琛、王悦:"种业知识产权保护制度与植物育种创新的协同演化——基于历史回顾和文献综述视角",载《中国科技论坛》2022年第3期。

[2] 刘振伟:"努力提高种业知识产权保护法治化水平——关于《中华人民共和国种子法》修改",载《中国种业》2022年第2期。

[3] 王萍:"转基因作物专利制度的利益分配——以全产业链的利益关系人结构为基础",载《晋阳学刊》2018年第3期。

的收获材料"等行为应征得原始品种的植物新品种权所有人同意的规则,形成了利用市场机制强化原始育种创新激励的模式。但是,实质性派生品种权制度的构建不仅加剧了单一品种权客体上的权利竞合,衍生出"权利使用人交易成本攀升""降低激励育种创新与品种权效率利用平衡"等损害权利许可方权益的弊端,更易引发降低实质性派生品种在种子市场上的有效供给等不利局面,故实质性派生品种权制度激励原始育种创新有赖于相关配套机制的科学构建。

第三,农民留种权滞后,农民留种权面临挑战。农民留种权为农民自繁自用植物新品种种子豁免侵害品种权的权利,长期作为育种者权利的例外,维护农民的生存权利。因此,农民留种权不仅是对农民留种习惯的尊重,更缘于法律对农民耕地面积不足、经济能力较差弱势地位的考量,赋予其特权而体现实质公平。[1]然而,法律认定农民弱势地位建立在依靠小块耕地满足家庭生活需要的小型农户基础上,与规模化生产、市场化经营的现代农业存在根本区别。农业产业化发展离不开土地等生产要素的规模化经营。[2]在乡村振兴促进农业产业化生产背景下,农民留种权的制度合理性面临挑战。

第四,品种权惠益链条延伸不足,农民种质遗传资源保育者权利缺位。遗传资源是植物育种的基础,种质遗传资源是种业知识产权的根源,与种业品种权、种业专利权是"源"与"流"的关系。[3]我国是种质遗传资源大国,截至2020年,我国保存的种质遗传资源超过50万

---

[1] 张志伟:"农地三权分置背景下留种权制度的完善",载《华东政法大学学报》2018年第3期。

[2] 程静、冯永泰:"乡村振兴与农业现代化发展探析",载《理论视野》2021年第4期。

[3] 斜晓东、黄秀蓉:"利益博弈-文化征服-身份认同:遗传资源知识产权的深层解读",载《学术月刊》2017年第9期。

份。[1]农民是种质遗传资源的主要培育者,种业优质遗传资源是数千年来农民培育、筛选的结果,[2]任何利用种业遗传资源开发知识产权的权利人皆应尊重农民贡献,农民因此具备分享利益的正当性。但是,《种子法》规定了国家对种质资源的主权,却未明确农民培育种质资源拥有的权益,更未以法定权利规范改善农民种质资源保育者权利缺位的现状。

二、乡村振兴战略与种业知识产权保护法律制度变革

乡村振兴战略是种业知识产权保护法律制度变革的政策依据,更是种业知识产权保护法律制度变革的逻辑前提。

(一) 乡村振兴战略的学理解读

1. 乡村振兴战略的历史渊源

对共产党人来说,乡村振兴之实在建党初期就已有之。从实现第二个一百年目标看,乡村振兴战略是实现农业农村现代化、建设社会主义现代化强国的重要举措和抓手,也即乡村振兴是与"三农"工作紧密相连的深化发展问题,因此习近平总书记在十九大报告中首次提出乡村振兴战略。实际上,振兴乡村、复兴乡村、建设乡村在一百年来一直不断有人提出和进行实践,尤其是共产党人从新民主主义革命时期就开始改造乡村,乡村振兴不是凭空提出而是有深刻的历史背景的。[3]共产

---

[1] 王术坤、韩磊:"中国种业发展形势与国际比较",载《农业现代化研究》2022年第5期。

[2] 万志前、张文斐:"论参与式植物育种中的农民权利及惠益分享",载《华中科技大学学报(社会科学版)》2016年第4期。

[3] 刘朝帅、王立胜:"中国特色反贫困道路深化:乡村振兴战略",载《经济与管理评论》2022年第6期。

党人从来没有忘记农村、没有忘记农业,正如习近平总书记所说:"没有农业农村现代化,就没有整个国家现代化。在现代化进程中,如何处理好工农关系、城乡关系,在一定程度上决定着现代化的成败。"[1]

改革开放的发端是改变原有的农村集体化计划经济体制,改革农村的人民公社,实行家庭联产承包责任制为基础的双层经营体制,即改革农民与土地的关系。这一双层经营体制在一方面坚持了土地公有制的性质,另一方面又在坚持集体所有制前提下赋予农民承包土地的权利,赋予农民利益主体地位,激发了农民的生产经营积极性。这一政策正是看到了人民公社这种生产方式的弊端,突破了农村统购统销的计划经济,促使城乡之间各种要素加速流动,同时,这既促进了农村的经济活力,又为工业现代化提供了更好的原料,可以说实现了工农业"双赢"。总体说,农村的改革发展"为实现人民生活从温饱不足到总体小康的历史性跨越、推进社会主义现代化作出了巨大贡献"[2],但农村改革的红利在20世纪末基本用完。这突出表现在"城乡二元结构"没有根本改观,城市汲取农村各种资源的惯性不止,优秀人力资源、资金、技术等各种要素继续向城市转移,而农村变得羸弱并更加空心化。以家庭联产承包责任制为基础的统分结合的双层经营体制解决了人民公社的活力不足问题,但也带来城乡贫富差距拉大,城乡发展不平衡、不充分等问题。[3]

2. 乡村振兴战略的理论渊源

实施乡村振兴战略的历史方位是实现农业农村现代化,其目标是在21世纪中叶实现社会主义现代化强国,即乡村振兴战略是社会主义本质实现的基本要求。可以说,乡村振兴战略与社会主义理论是紧密相关

---

[1] 习近平:"把乡村振兴战略作为新时代'三农'工作总抓手",载《求是》2019年第11期。
[2] 陈锡文:"从农村改革四十年看乡村振兴战略的提出",载《行政管理改革》2018年第4期。
[3] 刘朝帅、王立胜:"中国特色反贫困道路深化:乡村振兴战略",载《经济与管理评论》2022年第6期。

的。乡村振兴是由中国国情决定的，是马克思主义理论与中国实际相结合的产物，是马克思主义理论中国化的最新成果的组成部分。

马克思并没有直接谈乡村振兴和如何振兴农村的问题，而是从分工的角度即从唯物史观出发，认为城市与乡村分离是一种历史必然，城市是农业生产力水平提高的必然结果。在此基础上，马克思继续讨论城乡分离与工农业分工的关系，即城乡应该如何发展、如何实现农业农村现代化的问题。本质上，这些理论是站在更高的人类历史的角度看待乡村，并且间接为乡村振兴战略提供了支持。马克思、恩格斯认为城乡分离、工农分工是历史的必然，同时城乡融合、工农业共同发展，共同实现现代化也是历史的必然，在这样的视角下，马克思、恩格斯提出城乡分工理论，包括如下三个方面：首先，农业劳动满足了农业人口和非农业人口的粮食需求，为手工、工场劳动和工业提供了前提。在这个意义上，马克思说："只有农业劳动是生产劳动的第一个理由是：农业劳动是其他一切劳动得以独立存在的自然基础和前提。"[1]实际上，这也为城乡分离提供了条件，表明有一部分人可以从事非农生产。其次，农业劳动生产率在小农生产方式下必然落后于城市的工业。在一定意义上说，人口、资源、技术向劳动效率高的部门转移，城市日渐繁荣，乡村日趋衰败。最后，实现农业农村现代化需要改变农业生产的协作方式、生产资料占有方式。恩格斯说："对于小农的任务，首先是把他们的私人生产和私人占有变为合作社的生产和占有"，"以便在这种合作社内越来越多地消除对雇佣劳动的剥削，并把这些合作社逐渐变成一个全国大生产合作社"。[2]恩格斯的意思很明显，城乡必须统筹发展并且必须改变小农式的生产方式，即通过改变生产资料所有制和生产联合的方式实现城乡共同发展，本质上这就是社会主义新农村建设、乡村振兴战略的

---

[1]《马克思恩格斯全集》（第26卷第1册），人民出版社1972年版，第28~29页。
[2]《马克思恩格斯全集》（第29卷）（第2版），人民出版社2020年版，第606~611页。

前身或内涵。总之，马克思主义关于农业农村现代化的理论是从"生产关系、产业分工、城乡关系等角度探讨农业农村的角色定位与现代化路径的"。[1]

3. 乡村振兴战略的现实依据

乡村振兴战略除了理论依据，还有坚实的现实依据。首先，我国的基本国情决定了必须实施乡村振兴，乡村绝对不能衰退。仅从人口总量看，即使我国人口城镇化率达到80%，也还有3亿至4亿的人口生活在农村，如果不实施乡村振兴战略，那就是真正的发展不平衡、不充分，因为有很大一部分农村人口的生活并没有走向现代化。其次，脱贫攻坚任务已经完成，虽然全国已经进入全面小康社会，但是小康社会水平仍然不高并且农业农村还没有完全实现现代化，因此必须继续实施乡村振兴战略以进一步繁荣乡村。再次，从国际经验看，城镇化率与乡村人口比率是此消彼长的过程，城市化率达到一定水平后，还会有一部分人口生活在农村，如果能够很好地解决这部分人口的生活和实现农业农村现代化，那么就会比较容易跨入中等发达国家行列。现有的发达国家就很好地实现了农业农村现代化，日本、韩国等在20世纪60、70年代先后实施了"造村运动""新村建设"[2]，改变了乡村产业结构、实现了农村现代化，为经济发展再次腾飞奠定了基础。相反，拉美、印尼、菲律宾等没有很好地支持农村发展，造成乡村凋敝、城市贫民窟形成，最终陷入中等收入陷阱。最后，从"三农"问题角度看，单靠城镇化来解决"三农"问题是不现实的，因为城镇化解决农村问题有一定限度和局限性，即最终"三农"问题的解决需要实现农业农村现代化，需要实现

---

[1] 刘朝帅、王立胜："中国特色反贫困道路深化：乡村振兴战略"，载《经济与管理评论》2022年第6期。

[2] 张海鹏、郗亮亮、闫坤："乡村振兴战略思想的理论渊源、主要创新和实现路径"，载《中国农村经济》2018年第11期。

城乡融合发展。总之，不论中国的城镇化水平提高到何种程度，人总是离不开粮食的，农业农村也不会完全消失，乡村振兴战略具有正当性。[1]

(二) 乡村振兴战略背景下种业知识产权保护法律制度变革逻辑

1. 种业振兴系乡村振兴战略的应有之义，种业知识产权保护法律制度应强调保护种质遗传资源与激励育种技术创新共进步

2022 年 2 月发布的中共中央、国务院《关于做好 2022 年全面推进乡村振兴重点工作的意见》指出："大力推进种源等农业关键核心技术公关，全面实施种业振兴行动方案。"[2] 故施行种业振兴行动方案为乡村振兴战略的应有之义。

首先，激励育种技术创新应向激励机制科学化方向转化。乡村振兴的根本目的在于促进农业农村的可持续发展，育种创新激励的根本目的在于提升育种技术，促进育种技术向发展农业生产力的方向演进。但是，种业知识产权所涉利益主体的多元化与利益关系的复杂性决定其育种创新激励功能应体现在与各方利益平衡的局面下，一旦利益天平过度向特定群体倾斜，则会引发种业创新惠益从遗传资源向种业增产等终端传导的断裂，降低激励育种创新对农业生产力的增长功能。因此，品种权、专利权等种业知识产权制度行之有效的关键在于建立科学的激励机制，促进育种创新价值向农业生产力方向转化。一方面，育种技术创新为一具有高度正外部性的事业，其知识产权保护关涉种质遗传资源提供人、原始品种育种人、派生品种育种人、种

---

[1] 刘朝帅、王立胜："中国特色反贫困道路深化：乡村振兴战略"，载《经济与管理评论》2022 年第 6 期。

[2] "中共中央国务院关于做好二〇二二年全面推进乡村振兴重点工作的意见（二〇二二年一月四日）"，载《人民日报》2022 年 2 月 23 日。

子公司以及用种农户等多重主体。故种业知识产权强化育种激励，尤其是实质性派生品种权制度强化原始育种激励的制度变革应从原始品种权人与派生品种权人内部、品种权人与种子公司等外部关系人间的利益平衡的双重视角继续完善。另一方面，育种技术创新的高度正外部性决定政府投资保障其发展的合理性，且完全仰赖市场激励将面临公共品供给不足等市场失灵风险，故科学的育种创新激励机制的构建不仅建立在品种权市场价值激励基础上，更应考量政府投资保障的平衡性。

其次，种质遗传资源是种业科技的核心资源，也是种业创新的前提。种质遗传资源的收集、挖掘和改良是种业科技成果开发转化的关键基础。从种子产业链条来看，种质遗传资源是保证种源持续稳定健康供给的因素，[1]故种质遗传资源的保护与开放利用是种业振兴可持续发展的重要基础。我国在种质遗传资源方面与发达国家存在一定差距，主要体现在"种质遗传资源面向育种需求精准鉴定不足，能应用于企业育种的较少""部分种质遗传资源与发达国家差距较大"与"部分种质遗传资源国外依存度高"等方面。[2]当前我国在种质遗传资源保护与

---

[1] 靖飞、王玉玺、宁明宇："关于农作物种源'卡脖子'问题的思考"，载《农业经济问题》2021年第11期。

[2] 我国在种源方面与发达国家存在一定差距，主要体现在以下方面：一是种质资源面向育种需求精准鉴定不足。现有玉米资源3万份，精准鉴定不到5%，能够应用于企业育种的更少。大豆现有种质资源3.3万份，利用率仅1%左右。我国现存的畜禽遗传资源占全球的1/6，但未开展系统性、持续性的选育工作。二是部分种源与发达国家差距较大。我国大豆育种中常用优良品系×优良品系的亲本组配方式，且骨干亲本相对单一，育成品种遗传基础狭窄，产量遗传增益进展缓慢。在部分农业育种材料上，我国高质量核心种群的性能水平与世界种业巨头存在10年至15年以上差距，突出表现在生长速度和繁殖性能上。三是部分种源国外依存度高。目前我国玉米品种亲本选育还有较大比例来源于国外种质材料；在杂交种的组配选育中，跟随模仿国外杂优模式的比例也较大，我国生产上应用的多数育种骨干都是当前优质杂交种的亲本及其二环系种质，利用国际领先种质资源的血缘材料申请品种权的有454个，其中自交系427个，占比90%以上，直接使用国际领先种质资源父本的品种在2015年至2017年累计推广面积超过1200万亩。参见毛长青、许鹤瀛、韩喜平："推进种业振兴行动的意义、挑战与对策"，载《农业经济问题》2021年第12期。

转化利用过程中与发达国家的差距实质上是我国原始育种创新能力欠缺与国家对种质遗传资源重视不足共同衍生的结果，因此，实施种业振兴行动，促进原始育种创新激励的根本不仅要求构建科学的激励机制，更应定位于立法对种质遗传资源保护、利用制度的完善。一方面，现有《种子法》等相关法律法规尽管规定了种质资源国家主权制度，但对种质遗传资源管理的规定主要是一些抽象的、原则性的规定，内容不完善，也不具体，尤其是在种质遗传资源的取得、利益分享及其与品种权利关系方面的制度很少涉及，[1]有赖立法完善以强化政府于其中的管理职权。另一方面，我国种质遗传资源的分布广泛、种类丰富的特征决定单独依靠政府保护种质遗传资源、维护遗传资源国家主权的"力不从心"，广大农民作为种质遗传资源的保存方与培育方，对各地种质遗传资源的分布、保存情况较政府主管部门更为了解，应通过赋予其种业创新惠益分享权利等方式激励保育农民保护种质遗传资源。

2. 乡村振兴战略强调农民主体性，种业知识产权保护法律制度演进应维护农民权益

解决"三农"问题是乡村振兴战略的根本目的，习近平总书记在不同时间、场合多次强调乡村振兴的出发点是维护农民利益，激发广大农民发展建设乡村的积极性。[2]中共中央、国务院出台的《关于实施

---

[1] 王珍愚、单晓光："论中国对遗传资源的知识产权保护和管理"，载《中国人口·资源与环境》2009 年第 4 期。

[2] 2018 年 3 月 8 日，习近平总书记在参加十三届全国人大一次会议山东代表团审议时强调指出，"要充分尊重广大农民意愿，调动广大农民积极性、主动性、创造性，把广大农民对美好生活的向往化为推动乡村振兴的动力，把维护广大农民根本利益、促进广大农民共同富裕作为出发点和落脚点。"同年 7 月，习近平总书记对实施乡村振兴战略作出重要指示，强调"要尊重广大农民意愿，激发广大农民积极性、主动性、创造性，激活乡村振兴内生动力，让广大农民在乡村振兴中有更多获得感、幸福感、安全感"。参见于健慧："农民（村民）参与乡村治理的主体意识：基于利益相关者角度的分析"，载《理论探讨》2021 年第 4 期。

第二章 种业知识产权保护法律制度的发展脉络

乡村振兴战略的意见》和《乡村振兴战略规划（2018年-2022年）》，都把坚持农民主体地位作为实施乡村振兴战略的基本原则。[1]因此，乡村振兴战略实质为透过乡村建设、促进乡村发展以维护、实现农民利益，作为乡村振兴战略的重要支点，种业知识产权保护法律制度的发展演变应体现和维护农民权益。

首先，种业知识产权保护法律制度应实现强化育种创新激励与农民获取种业科技进步惠益的平衡。利益平衡为知识产权法律制度的精髓，更属推动相应知识产权法律制度可持续进步的前提。一般而言，创新者往往是某一领域中的少数精英和翘楚，而使用和推广者则是广大的行业、产业参与者、从业者。没有科技的创新，当然谈不上发展，也谈不上应用，但是，如果没有推广和使用，科技创新也很难及时转化为新的生产力，也就自然缺乏用武之地，不能形成相应的收益。因而，这样的逻辑理路下，自然就存在着如何既保护好创造者的知识产权，维护其创新的积极性，又同时通过利益平衡，实现知识产权项目的让渡与推广，使之在生产过程中成为新的生产力的问题。[2]农民与农户为种业知识产权惠益的直接承受人，也是种业知识产权项目的让渡推广、从知识创新转化为农业生产力的关键。促成育种创新激励与农民获取种业科技进步惠益的平衡，维护农民权益则需对育种创新知识产权激励构建合理的限制。一方面，农民留种权制度是个体农民、小型农户降低生产成本、维护其生存发展权利的重要制度，尽管现代农业的产业化、规模化生产对现有的权利制度设计形成冲击，但无法否认设立留种权的合理性，应根据情况的变化合理完善留种权权利架构。另一方面，农业科技创

---

[1] 张慧鹏："唯物史观视野下的乡村振兴与农民主体性"，载《中国农业大学学报（社会科学版）》2022年第1期。

[2] 周汉德："农业科技更新过程中的知识产权法保护与利益平衡机制研究"，载《农业经济》2019年第1期。

新只有最终实现有效转化,形成社会生产力才能够发挥其社会效益,该环节亦为利益平衡的关键。而品种权权利收益仰赖市场激励的方式决定育种创新向农业生产力转化的效率、能力的市场波动特征,一旦品种权市场供给价格过高,则会损害农民、农户对种业科技进步惠益的可获得性。因此,种业知识产权保护立法应根据农民经济能力、品种权市场价格波动情况,建立品种权许可市场价格管制机制,维护农民权益。

其次,种业知识产权保护法律制度的发展完善应建立在赋予农民分享育种创新收益权利的基础上。一方面,基于农民留种行为起源于农业生产习惯、留种行为奠定农业的发展基础以及农民阶层属于社会弱势群体等原因,正视农民留种行为并构建农民留种权制度具有法理上的正当性。当前农民留种权制度与农业规模化现代化生产过程中面临的种种矛盾实质上为权利制度设计与现实在一定程度上相对脱离的结果,但留种权制度对维护农民生存权利,促进农民发展农业生产的积极性仍具有较强正面价值,故对农民留种权的构造应秉承"与时俱进"理念科学演进。另一方面,在以往自上而下的农业研究体系中,农民仅仅被看成研究的接受者而非参与者,[1]但是,以实践视之,遗传资源是植物育种的基础,农民是种质遗传资源的培育者、保存者。农民,尤其是处于边远和经济不发达地区的农民为人类保存了遗传资源的多样性。数千年来,农民在保存种质遗传资源方面作出了巨大贡献,历代农民在田间经过选拔育种而保存了多样化基因。种质遗传资源的价值正是通过农民种植、培育和连续筛选最适合当地环境的品种而被保存和提高,农民的这

---

[1] [荷] 罗尼·魏努力:《种子带来的生机——参与式植物育种》,宋一青译,中国农业出版社2003年版,第2页。

种保育活动应作为最高公共利益的活动而得到承认和鼓励。[1]但是，现有种业知识产权保护立法欠缺对农民作为种质遗传资源保育人的权利、地位的构造，故今后应创设农民基于保育种质遗传资源贡献形成的种质创新收益分享权利。

---

[1] 万志前、张文斐："论参与式植物育种中的农民权利及惠益分享"，载《华中科技大学学报（社会科学版）》2016年第4期。

第三章　种业知识产权保护法律制度的内生逻辑

种业知识产权保护法律制度的发展变迁是伴随其多元利益主体间的利益平衡不断演进的结果，其制度变迁的内在逻辑主要体现为平衡育种创新激励与种业知识产权惠益分享、实质性派生品种权制度强化原始育种创新激励与农民留种权制度维护农民生存发展权利三重层面。

一、平衡育种创新激励与种业知识产权惠益分享

纵观知识产权法数百年的发展历程，一方面，知识产权权利人的权利随着新技术的发展而不断扩张；另一方面，公众信息自由的范围也在逐渐拓展。造成这种相生相克现象的根本原因实际上是利益平衡原则在起作用。[1]故利益平衡为种业知识产权保护的应有之义，核心体现为育种创新激励与知识产品惠益分享的平衡。

（一）激励育种创新是种业知识产权的首要功能

知识产权法是知识（科技、文化）、经济和法律相结合的产物，其产生、变革和发展的历史即是知识创新与法律制度创新相互作用、相互

---

[1] 冯晓青：“知识产权法的价值构造：知识产权法利益平衡机制研究”，载《中国法学》2007年第1期。

第三章 种业知识产权保护法律制度的内生逻辑

促进的历史。法律的价值观随着法律制度的差别以及发展阶段的不同而不断变化。在特定的时代背景下,特定的法律制度会包含若干不同的价值项,而且其各自的价值侧重点也有所不同,例如刑事立法体现了秩序、正义,民法侧重规定了平等、诚信,而经济法侧重体现了效率。创新价值是知识产权法的价值灵魂,在知识经济时代,知识产权法存在着独立的主导性价值,即创新价值。这是因为,当代经济的发展着重依靠知识和信息的生产、分配和使用,创新业已成为知识经济时代的主要特征,从而得到了前所未有的重视和发展,创新已成为人类行为选择的标准之一。一方面,创新不仅反映了人与自然的关系,而且反映了人与人的关系、个人与社会的关系,业已成为一个具有普遍意义的关系范畴。"创新"作为一个历史观意义上的概念,还凝结着人类的理想追求。历史观要回答和解决历史发展过程中的根本动力、机制和规律问题,创新发展存在于广阔的社会实践领域与久远的历史运动过程之中,故"创新"这一概念是对知识经济全面而精要的解释,可以视为知识产权法的基本价值范畴。另一方面,创新价值体现在知识产权政策制定与立法活动之中。国家通过其政策导向包括知识产权法的制度设计,将"创新"上升为"规划理性"的法律价值,体现了作为法律价值主体的人在法律价值发现中的能动性干预和控制。必须看到,知识产权法以基于创新所产生的社会关系为主要调整对象,体现了尊重创新、保护智力成果、规制知识经济市场秩序的主旨。[1]

种业知识产权保护法律制度是承载育种创新价值目标的制度设计,激励育种创新功能主要体现在以下三个方面:

第一,种业知识产权保护与私人创新激励机制。知识产权法是一种对知识产品有效的产权制度选择。种业品种权、专利权制度通过授予创

---

[1] 吴汉东:"知识产权法的制度创新本质与知识创新目标",载《法学研究》2014年第3期。

新成果发明人私人产权,为权利人提供了最经济、有效和持久的创新激励,保障育种创新在新的科技水平上不断向前发展,从而促进了创新成果所蕴藏的提升农业生产力、种业安全等价值的实现。

第二,种业知识产权限制与社会创新发展机制。知识产权的限制,是对权利人专有权利的行使限制,其功能在于通过对产权的适度限制,平衡权利人与社会公众之间的利益,确保社会公众接触和利用知识产品的机会。种业知识产权保护法律制度在明确私人产权的同时,除秉承传统知识产权保护规则制定"保护期限制""在先权利保护""信息公开"等规则外,更建立了"育种豁免""农民留种豁免"等专有性制度,使得私人独占的种业知识产权适时地进入公有领域,以维系人们从事新的创造活动的需求。

第三,种业知识产权利用与创新成果交易机制。知识产权利用是连接知识产品创造者、传播者和使用者之间的法律纽带,旨在规制不同主体的产权交易行为,促进知识产品的动态利用和精神财富的流动增值,其主要制度就是授权使用、法定许可使用和合理使用。依照经济学的供给与需求理论,精神生产或者说知识形态资源开发的目的是交换,只有经过交换,个人才能获得各类物品的最佳组合,达到效用或利益的最大化。就科技创新活动而言,新科技的商品化和市场化是一个关键环节,也是其根本目的。科技创新的"关键一跳"是将技术成果转化为现实的生产力,其考量的指标即是技术的有效应用率和技术对经济增长的贡献率。对此,现行《种子法》第25条第2款规定"国家鼓励和支持种业科技创新、植物新品种培育及成果转化。取得植物新品种权的品种得到推广应用的,育种者依法获得相应的经济利益";第30条第1款规定"为了国家利益或者社会公共利益,国务院农业农村、林业草原主管部门可以作出实施植物新品种权强制许可的决定,并予以登记和公告"。[1]

(二) 分享育种创新惠益是种业知识产权保护的根本目的

种质指物种的遗传物质基础,也就是染色体上的基因,具有很高的复制性,可以复制和遗传给后代,也可以发生变异。在植物遗传育种上,各种各样的物种材料被统称为种质资源或种质遗传资源。[2]由于种质遗传资源具有实际的或潜在的巨大经济价值,"在逐渐增多的技术和产业领域,包括种质在内的遗传资源能够对新产品的研发提供重要的基础"。相应地,通过对遗传资源的商业化利用必然产生包括技术产品在内的多种惠益形式,谁有资格分配这些惠益,惠益在种质遗传资源的提供者、基于种质遗传资源利用的育种创新者以及广大公众中如何分配成为摆在各个利益相关者面前的一个核心问题。[3]

从本质上讲,知识产权法所保护的是某些特定的信息产品。知识产权就是让信息的创造者对有关信息拥有某种财产权,并通过这种财产权控制信息的传播和他人对信息的使用,从而收回创造的成本并获得一定的利润,[4]故"知识产权制度是产生惠益最理想的法律基础,而这也是惠益分享的前提条件"。

种质遗传资源是植物育种创新的前提与基础,种业知识产权是建立在利用种质遗传资源基础上的创新。具体而言,种业知识产权所蕴藏的育种创新惠益分享逻辑体现在以下三个方面:

第一,育种创新成果转化成为农业生产力,惠及用种农民与一般公

---

[1] 吴汉东:"知识产权法的制度创新本质与知识创新目标",载《法学研究》2014年第3期。
[2] 马庆生主编:《生物学大辞典》,广西科学技术出版社1999年版,第1028页。
[3] 张小勇:"遗传资源的获取和惠益分享与知识产权",载《环球法律评论》2005年第6期。
[4] 李明德:《美国知识产权法》,法律出版社2003年版,第7页。

众。育种技术进步被视为农业科技进步中最重要的技术进步,育种研发以及伴随而来的种子产业的发展为支撑我国农业生产力增长起到了重要的作用。随着种子产业和市场规模的扩大,我国良种水平显著提高,品种改良在农业生产增长中起着重要的作用。[1]一方面,农业生产力的提高提升了用种农民的市场竞争力,被视为农民增产增收的重要手段。另一方面,保障粮食产量是维护国家粮食安全的前提,水稻等主粮作物育种技术的进步带来了粮食产量的提高,产生的粮食安全价值惠及一般公众。

第二,育种创新成果作为后人育种创新的基础,惠及后续创新者。知识产权由立法所规定和保护,法律对其权利的确立与限制共存。一方面,创造人因其智力创造而自然或应当获得对其智力产出的权利,该权利有利于激励和促进创造者之创造,从而促进社会智力成果之丰富和社会发展。另一方面,基于社会契约论的立场,国家对智力成果的有效保护主要有二:一是通过规定"(过度)排他性"之权利(或"有效保护方式")使权利人可有效控制、支配与实施智力成果;二是通过对权利的限制,使得该排他性权利之有效实施处于正当边界内。[2]技术进步是在原有技术创新基础上持续演进的过程,保障后续创新者以较低的成本获取到现有的创新成果为对知识产权专有权利予以限制的重要体现。"育种豁免",又称为"研究豁免",是指"为了培育新品种而使用受保护品种不受任何限制",是对种业知识产权"权利排他性"的限制。通过构建对后续育种者利用植物品种权保护品种不受限制的特殊规定,赋予后续创新者分享育种创新惠益的制度基础。

第三,构建育种创新成果利用的例外规则,惠及留种、用种农民。

---

[1] 黄季焜:"国家粮食安全与种业创新",载《社会科学家》2021年第8期。
[2] 王传辉:"知识产权法'利益平衡说'之反思:自然法与功利主义之比较",载《交大法学》2022年第1期。

农民是重要的用种主体,同时,农民尤其是从事小农生产的农民为相对的弱势群体,对其权益应给予一定程度上的照顾与倾斜。我国是传统的农业大国,数千年来都以种植业为主,农业人口更是位居世界第一位,但人均耕地面积相对较少。我国很大一部分农业种植活动均在很小的一块土地上,以小农小户为主,有的甚至只是种植口粮维持生计,农资费用极其昂贵而务农收入微薄。农业是一个国家发展之根本,作为发展中国家首要考虑的应当是如何保护本国农民的利益,农民富裕,国家才算真正富裕。[1]现有《种子法》等相关立法赋予农民留种权是种业知识产权惠益分享的体现。

(三) 利益平衡是种业知识产权保护的应有之义

"利益平衡"是知识产权法的核心价值。"利益平衡说",即主要平衡知识产权权利人个人之利益与他人及社会之公共利益。具体而言,有两个方面之利益平衡:智力成果之创造(创造人)与智力成果之传播和使用(他人),创造者之个人利益与社会公共利益。从学理上看,知识产权法的"利益平衡"存在自然法和功利主义两条理论逻辑。

自然法说认为财产权有两大义务约束或例外:一是"足够的并且同样好"(enough and as good)的保留,即在公共资源中,要为他人留出足够的同样好的部分;二是不浪费原则(non-waste-proviso)。该类义务可被称为"内在义务"(intrsicduties),即与财产权作为内生价值并存的必不可少的部分。该义务要求知识产权权利人要以负责的方式来实施其基于知识产权而拥有的力量。从社会契约论的视角视之,似乎可将利益平衡视为知识产权之社会契约安排的表现,政府代表社会公众,与技术创新人达成契约,从而实现了技术创新人与他人、社会之间的利

---

[1] 张锦荣等:"正确看待品种权中的农民自留种权的对策",载《现代农业科技》2019年第24期。

益平衡，但这存在欠妥之处。首先，社会契约论强调的是"权利"而非"利益"，准确地说，重点在于权利人的权利之"保护"而非个人利益的"实现"。其次，来自社会共同体的约束，例如卢梭所说的"公意"，是基于权利人之共同意志，并且该共同意志是因该约束，作为制度的一部分，可有效地保护权利。因此，社会契约论之基础是个人权利及其保护，而非个人利益与社会利益的平衡。所谓的社会或公共利益，既来自个人之共同意志，也是为了个人，即保护和扩大所有人的所有可能的权利，并非个人与社会之二分的对立。

相较之下，利益平衡说会更接近同样重结果的功利主义理论。功利主义理论被认为是目前知识产权法最主要的和最流行的理论，概因其所保护的对象为具实用性之成果，而该成果以更为有效地满足人们之需要为目的，此为其社会价值。功利主义的古典原则为边沁的"最大多数人的最大幸福"，它强调社会作为一个共同体之效用结果，如果某一行动或安排（例如知识产权法之制度安排），相较于其他可能的行动或安排，会更有效地促进该共同体的幸福，则该行动或安排是正当的。经济学认为专利等知识产权制度安排会促进经济效用或社会福利的优化：一是它既激励发明创造，又通过时效等限制来抑制成本之增加和无谓损失之产生；二是有助于生产者了解消费者之需求，从而更好地使其投资和生产与消费者偏好匹配；三是规定独占权利可有助于节省重复发明之浪费。还有理论从更广泛和更长远的视角来审视知识产权制度，认为其"应有助于实现一种公正的和令人向往的文化"，以实现理想中的"社会规划"（social planning）。无论是偏狭义的经济效用还是偏广义的社会规划，都认为知识产权制度应当为所要实现的社会之效用目标服务，本质上都是为目的和结果导向的功利主义。功利主义并非将个人权利或利益与社会利益并列，个人权利或利益只是达至社会利益或社会效用之方式，而且社会效用的实现也只能指向"最大多数人"而非"每一个人",所实现的效用也只能是"最大程度的"而非"完全的"。[1]利益平衡系种业知识产权保护法律制度的应有之义,而自然法和功利主义理论则为种业知识产权保护法律制度利益平衡价值实现的理论基础。一方面,法律是公民意志的体现,通过制定《种子法》等相关法律法规建立植物品种权等知识产权以及树立育种豁免、留种权、权利保护周期等权利行使限制,为品种权的行使设定义务。另一方面,种业知识产权保护的根本目的在于促进农业生产力的发展,维护粮食安全,赋予其垄断性权利并进行一定的权利限制以平衡各方利益进而促成提升农业生产力的长远目标的有效实现。

二、实质性派生品种权制度促成种质资源创新"强保护"

知识产权法律制度为特定社会经济环境的产物。[2]实质性派生品种权制度系UPOV公约（1991年文本）新设规则,于2021年《种子法》修改后建立,是延展原始品种权保护半径的法权设计。实质性派生品种权制度是种质资源创新"强保护"的基点,蕴含平衡育种人权益、激励原始育种创新与提升种质遗传资源创新国际竞争力价值。

（一）平衡原始与派生品种育种人利益

利益平衡是法律的应有之义。知识创新兼具维护私益、公共利益的双重目标,其"利益平衡"体现在创新人利益与公共利益的平衡中。[3]实质性派生品种权制度是根据品种权利的衍生关系重新平衡育种人法定

---

[1] 王传辉:"知识产权法'利益平衡说'之反思:自然法与功利主义之比较",载《交大法学》2022年第1期。

[2] 吴汉东:"中国知识产权制度现代化的实践与发展",载《中国法学》2022年第5期。

[3] 王传辉:"知识产权法'利益平衡说'之反思:自然法与功利主义之比较",载《交大法学》2022年第1期。

利益过程，蕴含营造育种激励公平环境、保护种业创新成果价值。

1. 营造育种激励公平环境

知识具有公共财产属性，知识产权制度通过权利收益激励创新。波斯纳强调经济回报对发明创新的激励功能，认为"生产方如若无法补偿其发明成本，则欠缺发明积极性"。[1]品种权基于权利许可回报补偿育种人研究成本与激励持续育种，但是，育种激励有效不仅在于引进激励机制，更体现为激励机制的公平偏好，实质性派生品种权制度有助于营造育种激励公平环境。

育种人成本投入的合理厘定。品种保护独立原则为 UPOV 公约（1978 年文本）的重要规则，不论品种间基因差距，只要新品种获得品种权保护，即可商业化利用。实质性派生品种为利用他人授权品种培育且保留原始品种基因型的植物品种。相较于培育周期长、研发成本高的原始育种，培育实质性派生品种建立在对原始品种基因资源的利用上，建立差异的权利激励机制是不同育种成本的体现。

育种投入收益公平匹配。知识产权激励论认为，赋予知识产权权利人排他权利能促成智力成果社会利用与发明人收益的平衡。[2]该观点认为，参与经济活动个体为"理性自利"经济人，保障其利益能够激发智力创新积极性。但是，现实中，人们为有限自利群体，在关心自身利益同时也关心利益分配的公平偏好，[3]实质性派生品种权制度是强化品种权制度权利激励公平的结果。一方面，实质性派生品种建立在利用原始品种育种创新的基础上，但在育种保护"独立原则"下，有限

---

[1] 王传辉："知识产权法'利益平衡说'之反思：自然法与功利主义之比较"，载《交大法学》2022 年第 1 期。

[2] 王传辉："知识产权法'利益平衡说'之反思：自然法与功利主义之比较"，载《交大法学》2022 年第 1 期。

[3] 阮青松、黄向晖："西方公平偏好理论研究综述"，载《外国经济与管理》2005 年第 6 期。

投入却能收获包含原始品种创新利益的过高收益,衍生育种人成本与经济收益不匹配;另一方面,收益分配公平的关键为实质性派生品种经济收益在原始品种与实质性派生品种育种人间的科学分配。实质性派生品种权制度赋予原始品种权人与派生品种权人分享商业利益的权利,促进育种投入收益公平匹配。

2. 防范育种者"搭便车"创新

知识产品社会效用决定设立知识产权激励创新的正当性。但是,知识产权的公私益平衡属性决定对知识创新人权利保护的有限性,一旦知识创新人权利保护标准过低,则存在其他育种人"搭便车"创新风险。

育种知识可复制性决定育种创新的非竞争性特征,考虑育种创新对农业科技的作用,UPOV 公约与《种子法》规定育种豁免制度,赋予利用植物新品种育种人享有品种权人许可豁免特权。但是,育种豁免制度在降低育种成本的同时,也降低了原始品种育种创新的排他性,衍生出育种人"搭便车"创新风险。经济人行为受成本收益关系驱动,追求收益最高价比,[1]育种豁免保障育种人低成本获取植物品种遗传资源,品种保护"独立原则"使得育种人修饰性创新即可获得受法律保护新品种,存在以创新为名"搭便车"占有原始品种权利的风险。

实质性派生品种权制度内含防范育种者"搭便车"创新逻辑。一方面,品种权权利激励源于品种权商业化利用,实质性派生品种权制度规定权利商业化利用需取得原始品种权人授权,降低了"搭便车"创新的潜在收益。另一方面,"搭便车"创新为育种豁免制度降低育种成本但未科学分配权利收益的结果,实质性派生品种权制度是平衡实质性派生品种育种人投入收益的产物,降低"搭便车"创新的源动力。

---

[1] 李嵩誉:"环境保护责任共担的法治进路———对破解环境保护'搭便车'难题的思考",载《现代法学》2020 年第 5 期。

(二) 强化原始品种育种创新激励

知识产权法在法律体系中被誉为"制度文明的典范",是促进国家制度现代化转型的重要制度。[1]经济基础决定上层建筑,发展中国家移植知识产权法律制度是伴随着经济发展现代化演变的过程进行的。实质性派生品种权制度为维护原始品种权人权益的产物,我国引进实质性派生品种权制度是考量我国农业科技快速发展背景下强化原始育种创新激励的结果,蕴含强化打击种业知识产权侵权、建设种业强国的目标。

1. 强化打击品种权侵权

品种权弱保护格局诱发种业知识产权"事实侵权"脱离法律规制风险。根据《植物新品种保护条例》的规定,任何单位或者个人未经品种权所有人许可,不得为商业目的生产或者销售该授权品种的繁殖材料。尽管实践中植物品种权侵权形式多样,但侵权行为认定仍以"未经许可对品种权利用"为前提。前述侵权认定标准为品种权弱保护格局的体现,诱发品种权"事实侵权"脱离法律规制风险。一方面,生物技术的发展使得育种者能够低成本修改受保护品种基因,获得新品种权利,形成事实上的侵犯他人品种权。另一方面,现有的"未经许可对品种权进行利用"认定侵权的品种权弱保护格局致使原育种人难以追究"修饰式"育种侵权人的法律责任,诱发品种权"事实侵权"脱离法律规制的风险。

实质性派生品种权制度承载着强化打击品种权"事实侵权"目标,内含保护种子企业生存能力与激励原始品种育种创新平衡的逻辑。我国移植知识产权法律制度是一个与本国社会经济发展相协调的过程,《种子法》制定初期,种子企业育种创新能力建设不足,企业基于营利与

---

[1] 吴汉东:"中国知识产权制度现代化的实践与发展",载《中国法学》2022年第5期。

有限经济实力出发,修饰性育种为主要研发方式,[1]此时引进实质性派生品种权制度将威胁种子企业的生存。《种子法》制定初期遵循品种保护"独立原则",并演绎为品种权平等保护的弱保护格局,鼓励低成本育种。但是,原始品种与派生品种权利平等保护可能挫伤种子企业育种创新的积极性,更不利于育种产业长远发展。数据显示,我国种子企业的研发投入与国际巨头差距巨大,缺乏对突破性品种的培育。实质性派生品种权制度在保护种子企业弱小创新能力基础上实现强化打击品种权"事实侵权"目标。首先,考虑到我国种子企业的科研能力与发达国家种业巨头存在可见的差距,现有制度未禁止修饰性育种方式,仍赋予实质性派生品种育种人育种豁免特权,保障弱小种子企业生存权利。其次,理性人行为受成本收益对比驱动。实质性派生品种权制度建立原始品种权人与派生品种权人的利益分享机制,合理化派生品种育种成本收益比例方式打击"事实侵权",阻断"事实侵权"的原生动力。

2. 促进种业强国建设

我国是种质遗传资源大国,截至2020年,我国保存的种质遗传资源已超过50万份,位居世界第二。[2]种质遗传资源是品种权诞生的根源,其与品种权为"源"与"流"的关系。[3]囿于修饰性育种泛滥、科研资金投入不足等弊端,我国品种权申请量快速增长的同时出现了育种基础过窄、创新能力不足等危机,[4]致使种质遗传资源优势难以高效转化为育种创新优势,种业创新面临"大而不强"的困境。一方面,我国种质遗传资源丰富但种子企业育种能力不强的缺陷导致我国植物品

---

[1] 黄钢、刘平、徐世艳:"加入UPOV1991年文本对中国种子产业的影响及对策",载《农业科技管理》2005年第5期。

[2] 王术坤、韩磊:"中国种业发展形势与国际比较",载《农业现代化研究》2022年第5期。

[3] 斜晓东、黄秀蓉:"利益博弈-文化征服-身份认同:遗传资源知识产权的深层解读",载《学术月刊》2017年第9期。

[4] 李菊丹:"UPOV1991实质性派生品种保护规则及启示",载《河北法学》2012年第5期。

种培育水平落后于发达国家,部分种子尚依赖进口。[1]另一方面,种质遗传资源"存而不用"致使国际窃取种质遗传资源的"生物海盗"风险快速上升,面临丰富种质遗传资源"为他国品种权做嫁衣"的危机。

实质性派生品种权制度是丰富种质遗传资源优势向育种创新优势转变、种业大国向种业强国演进的制度创新,是保障品种权"量质齐升"的关键。其一,实质性派生品种权制度有助于提升丰富种质遗传资源向育种创新的转化效率。种质遗传资源是育种创新的基础,但种子企业育种创新能力不足、修饰性育种泛滥致使种质遗传资源丰富优势难以转化为原始育种创新的优势,大量种质遗传资源处于"保护而不利用"状态。[2]实质性派生品种权制度为种质遗传资源优势转化为育种创新优势提供了制度条件。其二,实质性派生品种权制度有利于品种权授权与利用效率的平衡。品种权平等保护是我国种子企业科研能力弱、资金不足与品种权申报、授权保护数量不足的产物。历经二十余年发展,我国种子企业的育种能力大大提升,品种权申报数量位居世界第一,品种权制度激励主要目标向质量提升方向转变。实质性派生品种权制度是激励品种权原始创新的体现,有助于提增原始品种创新在品种权创新上的比例,解决种业发展"大而不强"的困境。

(三) 强化种质资源创新国际竞争力

实质性派生品种权制度是规范基因育种技术对品种权人权利关系影响的产物,为 UPOV 公约(1991年文本)新增制度。创设该制度旨在激

---

〔1〕 赵佳佳:"新中国成立以来种子事业的发展历程与经验启示",载《当代中国史研究》2021年第6期。

〔2〕 赵艳飞、王继永:"种质资源保护和育种创新现状及发展对策——以湖南和海南两省为例",载《作物杂志》2022年第2期。

励原始育种创新、提升育种创新能力,以增强种质资源创新国际竞争力。

1. 增强本土种业的国际竞争力

种子市场是品种权实现商业价值目的地,囿于我国种子企业育种创新能力局限,本土种业发展呈现市场庞大但企业国际竞争力不足的反差。尽管我国种子市场规模排名世界第二,存在巨大的市场需求,但本土种子企业与发达国家种子企业的育种能力还有一定差距,种子进出口贸易处于逆差状态,高附加种源对外依存度高,存在"卡脖子"风险,威胁粮食安全。

实质性派生品种权制度有助于增强本土种业国际竞争力。首先,强化育种创新能力是提升本土种子企业国际竞争力的根本。高附加种源对外依存度高、种子国际贸易逆差较大为本土种子企业育种创新能力不足的衍生现象,扭转困局的方法在于提升本土种子企业的实质育种创新能力。派生品种的普遍化为基因育种技术快速发展的结果,但修饰性育种的泛滥无法保障本土种子企业育种创新实质效果的提升。故应通过建立实质性派生品种权制度,优化育种创新激励环境,促进育种能力与市场需求的平衡。其次,实质性派生品种权制度可促进本土种业与国际种子市场接轨。实质性派生品种权制度为 UPOV 公约(1991 年文本)新增制度,系发达国家商业化育种制度较为完备条件下保障原始品种权人权利的体现。[1] 鉴于早期种子企业育种研发能力较弱、品种保护法律制度尚处发展探索阶段,我国加入 UPOV 公约(1978 年文本)后并未要求施行实质性派生品种权制度。但是,随着知识产权议题在国际上的重要性凸显,加入 UPOV 公约(1991 年文本)的国家不断增加与我国提高品种权保护水平需要使得我国应否加入 UPOV 公约(1991 年文本)与应对挑战成为重要议题。实质性派生品种权制度是体现 UPOV 公约(1991 年

---

[1] 唐力、卞琦娟、展进涛:"UPOV 联盟派生品种对我国农业自主创新影响分析——以水稻新品种为例",载《南京农业大学学报(社会科学版)》2013 年第 4 期。

文本）品种权保护要求的制度，建立实质性派生品种权制度能促进我国种子企业适应国际品种权保护趋严的发展趋势、提增国际竞争力。[1]

2. 保护种质遗传资源国家经济主权

种质遗传资源利用不足削弱种质遗传资源国家经济主权。根据《种子法》的规定，国家对种质资源享有主权，单位或个人向境外提供种质资源应报政府相关部门批准，同时提交共享惠益的方案。但是，囿于我国种子企业育种科研能力较弱与丰富种质遗传资源的反差，存在种质遗传资源向境外流失的问题。一方面，尽管我国认识到了种质遗传资源流失问题，并在相关立法中规定了审批、惠益共享机制，但种质资源分布广泛与管理机制不健全致使国际针对我国种质遗传资源的"生物剽窃"广泛存在，却甚少有惠益分享先例，[2]这损害了我国种质资源经济主权。另一方面，地方政府系以经济利益最大化为目标的"理性经济人"，其行为受成本收益对比驱动。[3]种质遗传资源流失等问题侧面反映种质遗传资源经济价值较低现状，致使政府及主管部门欠缺有效保护、管理种质资源的积极性，引发种质遗传资源向境外流失，削弱种质遗传资源国家经济主权。

实质性派生品种权制度是保护种质遗传资源国家经济主权的重要举措。首先，实质性派生品种权制度是增强种质遗传资源经济价值的关键。种质遗传资源经济价值体现为原始育种的原材料功能，激励原始品种育种创新为其核心价值。建立实质性派生品种权制度强化原始品种育种创新激励能够渐进提升本土种子企业的原始育种研发能力，进而逐步提升本土种子企业对本国种质遗传资源的利用率，增强种质遗传资源的

---

［1］ 李菊丹："UPOV1991实质性派生品种保护规则及启示"，载《河北法学》2012年第5期。

［2］ 王艳杰等："全球生物剽窃案例分析与中国应对措施"，载《生态与农村环境学报》2014年第2期。

［3］ 张建波、李婵娟："利益铁三角：地方发展型政府的行为逻辑及其影响"，载《河北学刊》2017年第2期。

经济价值，提高各界对种质遗传资源保护工作的重视。其次，实质性派生品种权制度是强化种质遗传资源保护、防范"生物剽窃"的重要制度。种质资源国家主权决定了政府及其主管部门保护、管理种质遗传资源的合理性，但种质资源保护职责的法律模糊规定与地方政府履职积极性不足成为种质遗传资源"生物剽窃"风险的重要成因。实质性派生品种权制度具有促进本土种质遗传资源有效利用、强化种质遗传资源经济要素的功能，激励政府部门履行种质遗传资源保护、管理职责，防范种质遗传资源流失的职能。

三、农民留种权制度维护农民生产习惯与生存权利

种业知识产权所涉利益关系、主体的复杂性与多元化决定创设农民留种权制度的合理性。从制度上看，农民留种权是对品种权人权利的合理限制的结果。于价值层面审视，农民留种权核心体现的是对农民传统生产习惯与生存权利的维护功能。

（一）农民留种权是对品种权人权利的合理限制

在20世纪90年代以前，知识产权的价值和利益还没有被发掘和引发社会公众广泛关注，植物遗传资源的价值也同样被忽视，作为人类公共遗产之一的植物遗传资源也一直被无偿地开发和利用着。就如同不享有著作权的科学定理和公式一样，任何国家的使用者都可以随意地、不受约束地，在不经任何法律许可的情况下使用植物遗传资源信息，而遗传资源最初拥有国也只能无奈地将遗传资源贡献出来，既不能干涉对遗传资源的开发研究，也不能从中获得恰当的利益。[1]

---

[1] 高洁："植物品种权价值链利益分配问题研究"，山东农业大学2012年博士学位论文。

然而，伴随着科技的进步与发展，分子生物技术逐步将植物遗传资源信息的价值放大，在知识产权和经济利用价值方面，植物遗传资源的作用逐渐凸显，这对一个国家国民经济、粮食安全与社会稳定方面所产生的影响愈发重大，"生物剽窃"现象"应运而生"。正因如此，许多拥有丰富植物遗传资源的国家，尤其是农业占据一国国民经济比例较大的发展中国家，对于植物遗传资源保护的重视程度逐渐加深，与无偿且野蛮的植物遗传资源掠夺式开发行为进行抗争。同时，农民是植物遗传资源的重要利用主体，植物遗传资源知识产权的过度垄断，也对这一群体的权益甚至生存构成了威胁。[1]

斯里尼瓦桑认为发展中国家在国际植物新品种权保护大环境中过于注重保护品种权人的权利而忽视农民群体，这是不公平的。[2]但是，哈利伍德、德多伊普曼等从农民参与性植物育种模式出发，阐述了参与性植物育种与促进农民权益之间的关系。结论表明，将先进技术提供给农民，大大提高了农民增收的可能性，使得农民能够更好地维持生计，还能缩短育种周期。[3]

农民在任何国家的地位都是举足轻重的，关乎一国的稳定和可持续发展，因而农民权利愈发受到各界的关注。[4]农民权利是农民留种权的上位概念，农民留种权是一项权利内容较为具体且实际的农民权利，可以被充分而有效地保护并实施，这是对农民贡献的广泛认可，也是有别于品种权的特殊权利。[5]从法律制度规定推导其权利内涵，《保护植

---

[1] 肖君："植物新品种保护中关于农民权利的问题研究"，北京理工大学2018年硕士学位论文。

[2] CS. Srinivasan, "Concentration in ownership of plant variety rights: some implications for developing Countries", *FoodPolicy*, Vol. 28, pp. 519~546（2003）.

[3] 钱迎倩等："终止子技术与生物安全"，载《生物多样性》1999年第2期。

[4] 肖君："植物新品种保护中关于农民权利的问题研究"，北京理工大学2018年硕士学位论文。

[5] 黄丽娜："论植物新品种权限制中的农民特权"，载《中国种业》2011年第9期。

物新品种国际公约》(1978年文本)对农民留种权进行了规定：农民留种权是指允许农民及农民群体在自己的土地上为了再次播种而去利用受保护的品种来种植，则不用受品种权的约束。简而言之，农民留种权仅指农民留种自繁自用、交换及销售的权利。此外，我国《植物新品种保护条例》第10条规定："在下列情况下使用授权品种的，可以不经品种权人许可，不向其支付使用费，但是不得侵犯品种权人依照本条例享有的其他权利：（一）利用授权品种进行育种及其他科研活动；（二）农民自繁自用授权品种的繁殖材料。"其对农民留种权进行了具体规定。农民留种权作为与品种权相对立的一种权利，它的权利主体是育种者，这里指非商业性质的农民，非农民不享有此权利。

总而言之，农民留种权是农民权利的下位概念，属于对品种权人权利进行限制的产物，是种业知识产权保护日益强化背景下立法对农民合理利用植物遗传资源、维持农民生活权益的考量。[1]

(二) 农民留种权维护农民生产习惯

农民留种权制度的首要合理性缘于对传统农耕方式的延续，即尊重农民传统农业生产习惯的需要。作为长期沿袭的农业种植习惯和农作物改良方式，留种行为已经成为世界范围内农民群体的共识，这一现象在发展中国家尤为普遍，农业生产尚以个体农户为主要生产单位，他们甚至经常通过交换彼此的种子来进行生产。因此，这一部分农民个体将农民留种行为视为一种正当的自然权利。各国在建立植物新品种制度之初之所以普遍认可农民享有一定的超越品种权人的既有知识产权权利，就是基于对现实的认可和对传统习惯的尊重，目前这种传统习惯在发展中国家的实践中依然在延续，在观念上仍根深蒂固，因此允许农民享有这

---

[1] 肖君："植物新品种保护中关于农民权利的问题研究"，北京理工大学2018年硕士学位论文。

些权利是传统农业耕作方式的延续,是对农民传统耕作习惯的尊重。[1]

农民留种权内容的核心是"自繁自用"。"自繁自用"权利指的是农民将购买的受植物新品种保护的农作物种子种植后,在其收获的农作物中按照来年种植所需留存恰当数量的种子,以便用于来年耕种,对此,品种权人无权禁止或要求农民支付许可费用。换句话说,农民无须经过品种权人授权就能留存下一年用种。[2]"自繁自用"是农民留种权的内容,也是其核心。我国植物新品种保护法律制度仅规定了农民有"自繁自用"的留种权利,但究竟什么是"自繁自用",还亟待解释和定义。农民自繁自用行为是指基于生产习惯而产生的农民自留种行为,不是擅自繁殖授权品种的行为[3]。"生产、繁殖、销售授权品种的繁殖材料"是《种子法》第28条规定的品种权人享有排他的独占权的权利内容,农民自繁自用是生产繁殖行为,本已进入品种权人的权利范围,但根据《种子法》第29条的规定,在进行科研活动和农民自繁自用的情况下使用授权品种,可以不经植物新品种权所有人许可,不向其支付使用费用。农民自繁自用授权品种成为对品种权人的权利限制,是侵犯品种权的例外。留种自用的范围仅限农业经营主体用于耕种自己基于农村土地承包制度承包经营的土地,且在收获后不能进行商业性销售,因为农民进行留种的目的是进行粮食生产而不是商业营利,否则便超出农民留种权的范围[4]。除了农民为种植自留种外,农民间种子的交换、农民繁殖留种后将剩余种子出售或赠与、交换这些依据千百年历

---

[1] 肖君:"植物新品种保护中关于农民权利的问题研究",北京理工大学2018年硕士学位论文。

[2] 黄平、郑勇奇:"国际植物新品种保护公约的变迁及日本和韩国经验借鉴",载《世界林业研究》2012年第3期。

[3] 隋文香:"农民自繁自用授权品种繁殖材料行为探讨",载《中国集体经济》2012年第7期。

[4] 张志伟:"农地三权分置背景下留种权制度的完善",载《华东政法大学学报》2018年第3期。

史传统流传下来的习惯，算不算农民留种权的内容，算不算一种广义上的"自用"，还存在很大的争议。农民有意或无意地存留自己土地上被授权品种的种子，用于后续耕种，是传统意义上的合理行为[1]，有的观点认为"小农"的生产留种都属于自繁自用。再者，农民交换、赠与剩余的种子，只是对剩余种子的一种处理方式，并不见得是为了谋取利润。如果剩余种子不被允许交换或赠与，一旦交换或赠与便侵犯了品种权人的权利，那剩余种子该如何处理？难道只能将剩余种子丢弃或当作废料？这不仅会成为农民留种的风险，更是对资源的浪费。综上所述，将留种剩余的种子赠与他人或者出售贩卖处理是应该被允许的，但对所留剩余种子的贩卖应有数量限制。农民通过合法途径购买种子后，享有留存一定数量的种子用于下一季度种植的权利，即自繁自用的权利，留种之后不可避免有小部分剩余的，农民可以在当地集贸市场上串换、出售，但只限自己销售，否则便有农业公司借农民留种权生产种子逃避品种权人许可之嫌，如果种子是用于农业公司、谷物公司销售则必须经过品种权人的许可[2]。

农民留种权的主体为签订农村土地承包合同的农民个人。随着农业发展和农村改革的进一步深入，出现了许多新型农业生产经营形态，土地越来越集中在少数农民或经营主体的手里，这既是一种社会进步，也是产业转型升级的目标。但与此同时需要对"自繁自用"的主体进行界定。作为留种特权的主体，对农民的定义十分关键。作为留种权权利主体的"农民"显然是指传统意义上的农民，即以土地为生、以农为业、分散经营少量耕地的家庭或者个人。大型农场或农业育种公司不属于农民，即便它们看似也在从事农业，但实质是从事商业经营，属于私

---

[1] 张宵:"植物新品种权与农民权的冲突与协调"，载《科教导刊（上旬刊）》2017年第1期。
[2] 万志前、张文斐:"论参与式植物育种中的农民权利及惠益分享"，载《华中科技大学学报（社会科学版）》2016年第4期。

营企业性质,这些种植大户、大农场、专事农业种植的公司并不像传统农民一样属于弱势群体。相反,由于资金和技术层面的优势,它们往往还处于市场优势地位,从事农业也是看准了农产品可能创造的经济利润。这些大农场和农业种植公司能负担起种子的费用,并将购买种子的成本转嫁给消费者,如给予它们留种权,将可能损害育种者的权益,影响其育种积极性,不利于农业的长远发展。此外,法律上也对"农民"进行了解释,农业农村部办公厅《关于种子法有关条款适用的意见》第5条界定了《种子法》第29条第2项中的"农民",认为农民是指"以家庭联产承包责任制的形式签订农村土地承包合同的农民个人"。同时也明确了农民专业合作社、家庭农场等新型农业生产经营主体不属于可以自繁自用的农民范围。综上所述,留种权的权利主体应只限于以农业为生,以农村土地承包方式签订土地承包合同,分散经营少量耕地的农民个人。

(三) 农民留种权维护农民生存权利

中国是有着悠久农耕历史的农业大国,农业始终是固本安民之要。小农经济是我国历代主要的经济发展主体,奠定了国家的经济基础。尽管随着时代变迁和社会进步,小农的规模、结构也在历史更迭中发生演变,但小农作为中国农业的生产经营主体仍会大量且长期存在是我国当前的基本现实。相关数据显示,截至 2015 年底,全国经营耕地面积 10 亩以下的农户达到 2.1 亿户,占全部农户的 79.6%。[1] 小农经济仍是当前农业生产经营的主要特征。

何为"小农"?传统意义上对"农民"的理解即是"小农"。对"小农"的界定最为简明而权威的定义通常以其生产方式,即以"小块

---

[1] 魏后凯、闫坤主编:《中国农村发展报告(2017)——以全面深化改革激发农村发展新动能》,中国社会科学出版社 2017 年版。

土地上的自主经营"为核心,《中国大百科全书》对小农的定义为"建立在生产资料私有制的基础上,从事小规模耕作的个体农民"。一方面,小农在农业生产中对劳动力的合理分工同样是以家庭为单位,单个小农家庭内部的劳动力通常根据性别、年龄等特征承担不同强度的工作,家庭成员之间以血缘、亲缘为纽带,且利益高度一致。从生产方式来看,小农生产以自主经营为特征,对其所耕作土地上的农业生产具有决策权。同时,从生产目的来看,传统小农生产以满足家庭消费需求为首要目的。另一方面,农民家庭仍为小农经济的最基本生产单位,致使人力资源禀赋不足一直成为制约小农生产的关键。另外,土地资源少且适度规模经营支持不足阻碍了小农有效扩大生产规模,而劳动力持续流出与金融、技术的匮乏更是阻碍了小农生产力的提升。[1]以上种种特性说明以满足基本生存的"小农"生产方式在我国农村广泛存在,并将长期作为一种主要的农业生产方式。

小农经济实质上为我国农户在耕地、劳动力、技术与资金等生产要素相对缺乏环境下对生产方式的必然选择,是农民进行小规模农业生产实现自身生存发展权利的产物,农民留种权制度赋予农民"自繁自用"的特权能够降低农民生产成本、提高其农业收入,是对"小农"较弱经济实力与生存发展需求进行考量的产物。

---

[1] 庄天慧、骆希:"小农生产主要特征、困境及与现代农业有机衔接路径研究——基于四川省的实证研究",载《农村经济》2019年第11期。

第四章 种业知识产权保护的制度困境

种业知识产权保护的制度困境是种业知识产权所涉利益关系、主体的复杂性、多元化映射至法律制度的产物。具体而言，当前的种业知识产权保护面临实质性派生品种权制度损及关联权利行使、农民留种权制度滞后与农业产业化生产矛盾、农民种质遗传资源保育者权利缺位等困境。

一、实质性派生品种权制度损及关联权利行使

实质性派生品种权制度是强化育种创新激励的重大构造。但是，品种创新为农业生产的重要环节，其制度运行牵涉多重利益主体。当前实质性派生品种权制度仅为调整品种权人间利益关系的产物，欠缺对各方利益的全面考虑，衍生系列困境。

（一）权利竞合与权利许可使用冲突

实质性派生品种权制度通过平衡品种权人利益关系激励原始育种、促进育种技术进步，但也造成同一客体上多品种权利竞合，产生提升权利使用人成本、打破激励育种创新与品种权效率利用平衡弊端。

1. 权利竞合提升权利使用人交易成本

品种权权利竞合引发"反公地悲剧"困局。权利竞合为"同一主

第四章 种业知识产权保护的制度困境

体同一事实层面相对权标的重叠,不能并立"的法律现象。一般认为,包括品种权在内的知识产权属于绝对权,权能不同或标的不重叠,权利间不会产生竞合现象。[1]但是,实质性派生品种权"派生"特征决定其面向社会公众的部分有绝对权属性而面向原始品种权的部分有相对权特征,从而引发"反公地悲剧"。一方面,品种权保护对象为植物品种的基因型及其特异性状,[2]性状与基因型的差异性决定了品种权权利客体具有相互独立特征。但是,实质性派生品种权制度打破了品种权权利客体不重叠的认识,衍生实质性派生品种权与原始品种权权利客体部分重叠的"权利竞合"。另一方面,相较债权请求权等相对权,品种权绝对权属性决定实质性派生品种权与原始品种权能够并立,仅在实质性派生品种权许可利用时以原始品种权人同意为前提。但是,"权利竞合"实际造成同一植物基因型与特异性状上被不同主体排他权利分割占有的情况,衍生"任何人使用资源都必须得到对方同意"的"反公地悲剧"。

"反公地悲剧"困局提升品种权使用人交易成本。商业化应用是实现品种权经济价值、回报育种人研发成本的根本,原始品种权与实质性派生品种权竞合的"反公地悲剧"使得他人利用实质性派生品种需获得多权利人许可,间接提升了品种权使用人的交易成本。首先,财产权保障权利人根据其自主意志对财产进行支配、控制,但育种人或品种权使用人皆为有限理性个体,存在认知能力局限,这将增加许可主体同品种权使用人与育种人的沟通成本,降低许可效率。其次,经济回报是补偿品种权人成本、激励可持续育种创新的关键。实质性派生品种权派生于原始品种权的产权,使得原始品种权人"垄断"实质性派生品种权

---

[1] 李锡鹤:"请求权竞合真相——权利不可冲突之逻辑结论",载《东方法学》2013年第5期。

[2] 李东海:"论品种权的保护客体与保护范围",载《中国种业》2022年第5期。

许可使用最终环节,一旦原始品种权人基于有限认知与自利立场要求高额许可费用,可能产生品种权无法有效利用的后果。

2. 权利竞合破坏激励育种创新与品种权效率利用平衡

权利竞合是强化原始品种权排他性的结果。知识产权是依附于人类知识的专有权利,其权利客体为属于无形财产的知识,具有可复制性的特征。相较于物权排他性只涵盖特定物,遵循"一物一权"的设权原则,知识产权遵循"多物一权"思路,只要他人创新成果与权利人创新成果相似,即属于知识产权保护范畴。[1]故排他性是知识等无形财产成为专有权利的前提。实质性派生品种权制度是强化原始品种权排他性、提升权利保护强度的结果,增强权利排他性建立在实质性派生品种创新成果被纳为权利保护客体基础上,衍生出原始品种权与实质性派生品种权权利竞合。

强化原始品种权排他性破坏激励育种创新与品种权效率利用平衡。知识产权权利保护仅为权利激励手段,保护知识产权的最终目的在于鼓励技术创新、推动经济发展,实现鼓励创新与促进技术应用的平衡。故在赋予知识产权权利排他性的同时,应对权利排他性予以必要限制,防范过度排他损害其他权利人正当利益、社会公共利益。原始品种权与实质性派生品种权权利竞合系原始品种权过度排他的结果,最终破坏激励育种创新与品种权效率利用平衡。一方面,实质性派生品种权制度通过强化原始品种权排他性,实现提升原始育种经济激励、平衡原始育种人与实质性派生育种人间利益的目的。权利竞合是强化原始品种权排他性、提升经济激励的产物,是平衡育种者利益的合理结果。但是,品种权制度所涉利益的复杂性决定了任何制度变动都将产生外部性影响,形成"牵一发而动全身"的效果。另一方面,促进品种权经济利用、发

---

[1] 王传辉:"知识产权法'利益平衡说'之反思:自然法与功利主义之比较",载《交大法学》2022年第1期。

展农业生产力是构建品种权法律保护制度的根本目的，促进植物新品种经济利用与鼓励育种创新间利益平衡为品种权法律制度最重要的价值衡量。原始品种权与实质性派生品种权权利竞合形成"反公地悲剧"诱发品种权资源无法获得有效利用风险，提升原始育种激励同时产生增长品种权利用人交易成本弊端，引发破坏激励育种创新与品种权效率利用平衡的后果。

(二) 强化原始育种创新激励与原始育种创新准公共品定位矛盾

原始育种创新包含丰富知识信息与创新价值高溢出决定了原始育种创新的准公共品定位。实质性派生品种权制度强化原始育种创新激励与其准公共品定位矛盾，面临提升种业公司生存成本、削弱商业育种创新积极性的风险。

1. 强化原始育种创新激励提升种业公司生存成本

强化原始育种创新激励弱化其准公共品属性。原始育种包含丰富知识信息，为派生品种亲本来源。研究显示，水稻等重要作物被大规模用于后续创新的原始品种高度集中于特定品种，而该育种资源决定特定时期作物的育种水平。[1]原始育种具有高技术溢出效应与正外部性特征，具备准公共品属性。知识创新可复制性与育种创新成果受品种权保护决定了原始育种创新成果的非竞争性，但也具备一定排他性特征，技术溢出正外部性效益可通过原始品种权的许可利用与培育派生品种获取，而育种豁免特权使派生品种育种人获取原始育种材料不受排他性的影响。但是，实质性派生品种权制度强化原始育种激励的同时增强了原始育种创新的排他性，从而弱化了原始育种创新的准公共品属性。

强化原始育种创新激励诱发提升种业公司生存成本风险。一方面，

---

[1] 唐力、卞琦娟、展进涛："UPOV联盟派生品种对我国农业自主创新影响分析——以水稻新品种为例"，载《南京农业大学学报（社会科学版）》2013年第4期。

原始育种创新价值较难衡量、创新价值收益周期较长、具有准公共物品特性，致使原始育种主体多为公共资金支持的科研院所，以提高整体的育种创新水平。以水稻育种为例，后续创新运用频次较高的原始育种单位主要为科研院所，企业等应用型单位主要培育派生品种。[1]另一方面，随着我国种业产业化进程加快，本土种子企业研发能力显著提升。但是，中国具备育繁种一体化能力的种子企业数量尚少，主要种子企业研发投入与国际重要种子企业差距较大，形成"公共部门主导育种，种子企业主导市场"产业链。[2]种子企业是农业企业的重要组成，是推动乡村振兴的重要主体。尽管种子企业经营集中度稳步提升、企业科研能力不断加强，[3]但种子企业小而散、原始育种创新能力不足现状未完全改观，凸显以科研院所为主体的原始育种创新准公共品价值。实质性派生品种权制度致使原始育种主体能够控制派生品种育种上游"开关"，决定派生品种商业化利用条件，"小而散""以派生品种育种为主"的本土种子公司生存成本攀升。

2. 强化原始育种创新激励降低育种创新市场转化效率

强化原始育种创新激励提升育种市场失灵风险。派生品种知识创新属性与修饰性育种决定派生品种育种的两面性。一方面，派生品种是对原始品种改良、修饰性育种的成果，是衔接原始育种创新到创新成果商业化利用的"最后一公里"。而知识创新成果可复制性决定了派生品种的准公共品属性，对促进育种创新成果商业化利用具有重要价值。另一方面，派生品种市场供给与品种权独立原则下无差别保护为修饰性育种

---

[1] 唐力、卞琦娟、展进涛："UPOV联盟派生品种对我国农业自主创新影响分析——以水稻新品种为例"，载《南京农业大学学报（社会科学版）》2013年第4期。

[2] 仇焕广等："打好种业翻身仗：中国种业发展的困境与选择"，载《农业经济问题》2022年第8期。

[3] 赵佳佳："新中国成立以来种子事业的发展历程与经验启示"，载《当代中国史研究》2021年第6期。

"搭便车"创新提供了外在制度诱因，应对其育种行为进行规制，强化原始育种创新激励。派生品种育种准公共品属性决定其创新成果应维持有限排他，控制新品种种子购买成本。实质性派生品种权制度增强了原始品种权排他性同时抬高了派生品种许可利用成本，催生了公共产品供给不足的市场失灵风险。

育种研发市场失灵风险降低育种创新市场转化效率。原始育种到创新成果的市场化利用是一个原始品种后续创新与育种创新技术渐次溢出同步演进的过程，派生品种育种于其中扮演重要角色。首先，原始育种高成本与准公共品属性决定了当前原始育种仍以政府资金支持的科研机构为主，但公共部门科研与市场需求的相对脱节，而种子企业知悉种子市场需求决定了种子企业派生品种育种后续创新对满足市场需求、促进种业创新实质落地的重要作用。其次，种子企业在原始育种基础上培育派生品种、将派生品种售予农业生产方是科研机构向企业技术溢出、企业后续创新价值向市场外溢的渐次演进，种子企业按照市场需求改造原始品种是衔接育种与用种的关键环节。但是，原始品种后续创新、衔接育种与用种的技术外溢为派生品种育种的知识可复制性的应用，体现了派生品种准公共物品价值。实质性派生品种制度强化派生品种排他性，诱发公共产品供给不足市场失灵风险，进而影响原始品种后续创新，降低育种创新市场转化效率。

二、农民留种权制度滞后与农业产业化生产矛盾

农民留种权是考量农民生存发展权利的制度构架，目前农业产业化生产与农民留种权制度存在一定的冲突，面临农民留种权权利主体范围模糊、农业企业规模化经营引发农民留种权滥用风险以及农民留种权面临技术架空危机等问题。

(一) 农民留种权权利主体范围模糊

中国目前的小农经济，是对人民公社时期农业经营集体主义的承接和延续。改革开放后，我国农村实行家庭联产承包责任制，以家庭为单位来承包集体土地，按人口来均分土地。在家庭联产承包责任制的实践中，为了做到村社公平，土地的分配高度细碎化，形成了"人均一亩三分、户均不过十亩"的中国式小农经济经营现状。小农经济最基本的特点是农户承包经营的土地面积小而细碎。按照2006年全国农业普查数据，我国有农业生产经营户2亿户、住户农业从业人员3.42亿人，共有耕地18.27亿亩，户均耕地9.13亩，劳均5.3亩。个体农户不仅无法面对市场，而且依靠个体的力量难以维持基本农业生产条件。[1]但是，近年来，我国农业生产形成了规模经营主体持续增长但普通农户仍居农业生产主体地位的格局，我国绝大部分的粮食生产任务仍由占绝大多数的小农户承担。[2]"小农"庞大的数量与农业产业化生产的发展趋势决定了农民留种权制度仍有存在必要性但应与实践相契合的现实需要。

法律以社会现实需要为基础，各国农民留种权立法以其农业生产的现实情况为基础。相较于美国等西方国家农业规模化经营程度高、农业

---

[1] 贺雪峰、印子："'小农经济'与农业现代化的路径选择——兼评农业现代化激进主义"，载《政治经济学评论》2015年第2期。

[2] 近年来，我国农业生产中规模经营主体不断发展壮大，家庭农场、农民合作社、产业化龙头企业、社会化服务组织等不断发育成长，目前总数已达到290万家，在建设现代农业中发挥着越来越关键的作用。但也应该看到，以家庭承包责任制为制度基础的普通农户仍是我国农业生产的最重要主体。规模经营主体的蓬勃发展，在短期内不可能代替小农经济。截至2016年底，全国经营耕地面积50亩以上的新型农业经营主体约为356万个，经营耕地面积30亩以上的农户超过1077万户，分别占2.3亿承包农户总数的1.55%和4.7%，绝大多数生产主体仍是平均经营规模不足10亩的普通农户。从农村土地经营权流转情况看，流转面积占承包耕地面积的比重达35.1%，考虑到部分土地并未流转入规模经营主体，可以推测，以家庭经营为特征的小农生产占有耕地仍有7成左右，以粮食为主的绝大多数农产品都是由小规模农户提供的。王鸿萌："当小农生产遇上规模经营：不是博弈，是融合"，载《农村经营管理》2018年第4期。

生产经营主体以私人农场为主的模式，我国的农业生产经营长期以来呈现出鲜明的"小农经济"特征，农业生产经营户数量大、从业人员数量多但户均耕地面积和劳动力人数少。[1]因此，相较于美国《植物品种保护法》对留种权的主体并未作职业、身份限定，规定任何民法意义上的自然人（one person）皆具备将合法获得的种子"自繁自用"的权利，[2]我国相关立法对构成留种权主体的农民范畴予以一定的限缩解释，譬如，农业农村部办公厅《关于种子法有关条款适用的意见》将《种子法》中"农民留种权"的主体作"以家庭联产承包责任制的形式签订农村土地承包合同的农民个人"的解读，最高人民法院于2007年制定的《关于审理侵犯植物新品种权纠纷案件具体应用法律问题的若干规定》（已被修改）将"农民"的范畴界定为"以农业或者林业种植为主"的"个人"与"农村承包经营户"，故以农业为生的农民个人与农地承包经营人皆属于当前农民留种权的法定主体。

但是，随着城市经济发展促使农村人口向城市迁徙、乡村振兴战略下农业现代化程度加速以及农地产权"三权分置"改革的启动，传统"小农模式"下的农民数量逐渐减少，资金、耕地、人力等生产要素开始向部分"种粮大户""产粮专业户"手中集聚。以四川省为例，2015年四川省种粮大户的人数、种植面积较2014年分别增长17.4%与44.2%，并仍处于快速增长中。[3]相较于传统"小农模式"而言，"种粮大户"的个人经济能力较强、农业收入较高，其是否仍属于传统意义上的"弱势群体"并继续享有留种权考量立法的正当性。

---

[1] 贺雪峰、印子："'小农经济'与农业现代化的路径选择——兼评农业现代化激进主义"，载《政治经济学评论》2015年第2期。

[2] 张志伟："农地三权分置背景下留种权制度的完善"，载《华东政法大学学报》2018年第3期。

[3] 李淼："我省种粮大户增至1.5万户 大户种田规模同比猛增44.2%"，载《四川日报》2016年5月10日。

(二) 农业企业规模化经营引发农民留种权滥用风险

农业和农村的落后在很大程度上缘于农民的组织化程度较低,难以在供应链中形成有效的竞争力和谈判力。若要重塑价值链的利益联结机制,首先就要提高农民的组织化程度。党的十九大报告提出实施乡村振兴战略,提出"发展多种形式适度规模经营,培育新型农业经营主体""实现小农户和现代农业发展有机衔接"的改革要求。

具体而言,在传统的利益联结机制尚未得到改变之前,农民无法有效分享现代农业技术发展和应用所带来的成果与收益。农业现代化的根本目标不仅是实现生产力的变革,更重要的是实现生产关系的调整,即让农民能够更好、更充分地分享现代农业改革和发展的成果。所以,在乡村振兴的实践中,通过提高农民的组织化程度以重塑产业链利益联结机制是推动农业现代化的关键和核心。另一方面,在推进现代农业发展的进程中,我国农业经营结构尚处于一个持续发生变化的状态。其中,小农生产与规模经营之间,并不是一个完全零和博弈、此消彼长的过程,而是融合补充、协调发展的关系。现阶段农业社会化服务特别是农业生产性服务业的快速发展,正在不断联结越来越多的小农户,将其逐步引入现代农业发展轨道。实践中,为普通农户提供生产性服务的各类组织,绝大部分是家庭农场、农民合作社、产业化龙头企业和社会化服务组织等规模化经营及服务主体。传统观念中,通过土地流转扩大土地经营规模,是提高农业劳动生产率、实现农业规模经营的主要途径。但我国国情决定了不可能完全实现土地集中型规模经营。就近两年的情况来看,在不流转土地经营权的前提下,通过发展农业生产性服务业,让普通农户能够根据自身状况和需求,选择服务组织提供的多元化多层次多类型的专业化服务,既能满足农户参与生产、从事家庭经营的愿望,又能将一家一户的"小生产"模式融入农业现代化大生产之中,在我国绝大多数地区有着很强的生命力和适应性。比如，山东济宁、河南商水等地积极探索，通过政策引导鼓励当地合作社、服务公司等为当地普通农户提供耕作、播种、收割等系列化生产服务，把越来越多的分散农户纳入了规模经营的体系中，搭上了规模经营的快车，有效提升了农业生产效率。〔1〕

农户走上规模化经营发展道路在提升农户生产效率与经济收入的同时亦对现有的农民留种权制度的合理性产生碰撞。从《种子法》第29条第2项对"农民留种权"的规定来看，当前的"农民留种权"仅对"自繁自用"的行为与"繁殖材料"的实施对象进行规定，并未对农民"自繁自用"行为的主观故意、实施规模予以规范，致使"农民留种权"存在被规模化经营的农业企业滥用的风险，侵害种业品种权人的合法权益。鉴于立法对"农民留种权"的保留，实践中种业品种权的授权使用方主要为已形成规模化经营的农业企业，相较于自给自足、以家庭承包为主要经营形式的小型农户而言，规模化经营的农业企业在技术、资本与经营能力上具有明显优势，具有较强的经营成本承担能力，以其作为种业品种权许可使用费用的主要承担者能够实现种业品种权收益权能与利用主体经济承受能力的平衡，是实质正义的体现。但是，"理性经济人"的牟利本能使得农业企业存在降低企业经营成本、提升生产效率的内在动力，实践中存在农业企业假借农民"自繁自用"特权名义委托农民代繁种子新品种，规避品种权许可使用费用，农民成为农业企业侵犯种业品种权的"傀儡"人，进而引发农民留种权滥用风险。〔2〕譬如，在隆平高科诉田某侵害品种权案中，田某因新品种玉米

---

〔1〕王鸿萌："当小农生产遇上规模经营：不是博弈，是融合"，载《农村经营管理》2018年第4期。

〔2〕仲佳琦等："农民特权制度实施现状及完善建议"，载《现代农业科技》2021年第22期。

种植面积过大被法院认定为缺乏"自繁自用"的目的，判定其构成品种权侵权行为。但在具体司法实践中如何认定农民"自繁自用"权利仍属疑难问题，农民打着"自繁自用"旗号侵害品种权人的现象时有发生。[1]

(三) 农民留种权面临技术架空危机

在人类历史上，任何科学技术都是社会发展到一定阶段、伴随着人们的某种需要而产生的，转基因技术的出现和发展也是如此。种子绝育技术又称植物种子繁殖功能终止技术，它是由美国农业部和美国DPL (Delta and Pine Land) 公司在20世纪末联合申请后被美国专利局批准的一项名为"植物基因表达的控制"的生物学领域的高新技术。2006年，孟山都公司以十几亿美元高价购买了DPL公司及其技术，其并不是种子绝育技术的发明者。种子绝育技术被温和地表述为"植物基因表达的控制"，或者是一个能够实现自我防护的技术系统。种子绝育技术至少已经在70多个国家和地区获得批准，可以用于所有的植物和种子。当前世界上绝大多数的转基因作物研发的相关技术都已经被孟山都等少数公司所控制，而且这些生物巨头已经通过专利技术和国际公约，攻陷了一些国家的粮食控制权。孟山都公司希望通过绝育种子断绝种子可以被农民自由保留的特性，以此保障它们的利润和垄断绵绵不绝。[2]

随着种业知识产权保护水平的提升与高科技基因技术在育种领域的广泛应用，法律赋予农民的留种特权面临被技术架空的风险。一方面，虽然法律授予了农民"自繁自用"的留种特权，但部分种子新品种在

---

[1] 刘惠明、张雨溪："现代农业发展战略下植物新品种的知识产权保护研究"，载《江苏农业科学》2019年第9期。

[2] 王晗："种子绝育技术与农民留种权冲突研究"，南京农业大学2014年硕士学位论文。

第四章　种业知识产权保护的制度困境

研发时即已被人为注入终止子基因，导致该品种种子繁育获得的种子无法用于第二轮种植，从源头上人为阻断了留种的可能。[1]种子绝育技术对农民权益产生了极大的损害。以印度为例，从印度首株谷类作物的栽培算起，印度农业已有四千余年历史。一代又一代的印度农民遵循着可持续性耕作的原则与留种习惯：通过选择最佳改良性状的农作物品种或者将一个品种与另一个品种杂交，最后获取满意的种子以备来年播种。但美国种业巨头孟山都公司在印度广泛推广的种子绝育技术致使印度农民的留种权利受到严重侵害，巨大的种子经济成本甚至引发了农民自杀的悲剧。[2]另一方面，尽管《UPOV 公约》与我国《种子法》等相关立法对"农民留种"特权予以明确规定，但是不论是《种子法》《植物新品种保护条例》等种业品种权立法抑或《专利法》等相关立法皆未对种业新品种、种业基因专利中的绝育技术、绝育性能的施行予以规制，更未对其与"农民留种特权"的矛盾予以调整，农民留种权存在被种子绝育技术架空的可能。

---

[1] 王晗："种子绝育技术与农民留种权冲突研究"，南京农业大学 2014 年硕士学位论文。

[2] 印度是一个农业大国，也是一个种子繁育和使用的大国。印度国土面积居世界第七位，其 3/4 的人口依赖农业生存，并且世界上每四个农业劳动者中就有一个是印度人，因此，将种子绝育技术投入印度农业应用对孟山都公司来说是一个完美的选择，并且此技术也已在印度农业生产中进行了较早的应用。1998 年，孟山都公司以高于市场价格 23 倍的价格购买了印度最大的种子公司的巨额股份，并与之建立起合资公司。据孟山都公司的一个高层领导说，公司计划"大踏步迈进印度的农业领域，这个公司就是很好的工具"。农民在使用孟山都公司出售的绝育种子后，即使在收获后保存好这些种子以备以后种植，但这些种子却永远不会发芽。于是，无论是西红柿、豆荚、玉米棒子还是麦穗，从根本上说都变成了种子的"停尸场"。这样的严重后果迫使印度农民不得不每年都要向种子公司购买种子。来自印度的科学家和社会活动家范达瓦-席瓦在演讲中证实，印度的棉花种子被孟山都公司控制后，种子价格上涨了 80 倍。一些极度贫困的农民以贷款方式从同一家企业购进种子和农药，但当农作物因各种意外原因而欠收时，很多农民不得不服用这种让自己陷入债务的农药而自杀。1997 年，在瓦朗加尔区，有几百个棉农因当年的歉收而自杀；1998 年，同种原因自杀的人更是以数十倍的数字增长。冷酷无情的经济压力导致一大批负债累累的农民走上了不归路。参见亢升："印度转基因棉之祸及其对中国的启示"，载《南亚研究季刊》2013 年第 2 期。

三、农民种质遗传资源保育者权利缺位

农民对种质遗传资源的利用与保育种质遗传资源的贡献决定赋予农民种质遗传资源保育者权的正当性，农民种质遗传资源保育者权利在法律制度上的缺位产生了保育补偿缺位、种质遗传资源流失、弱化了农民种质遗传资源权利主体属性以及农民权利与种业知识产权保护矛盾等多重困境。

(一) 种质遗传资源保育者权利缺位诱发保育补偿缺位与种质遗传资源流失困境

原始育种创新是利用种质遗传资源创新的结果，实质性派生品种权制度形成保护育种者权利与种质遗传资源保育者权利落差，衍生农民种质遗传资源保育补偿缺位、种质遗传资源流失弊端。

1. 强化原始育种创新激励与种质遗传资源保育补偿缺位矛盾

知识产权是个体立足于公共财产——人类知识上的财产权利，激励知识创新目的在于促进技术发展，将知识创新惠益回馈社会。[1]故激励创新与惠益共享为"手段与目的"关系，过度强化创新激励诱发产权过度割裂的"反公地悲剧""知识创新"准公共品供给不足缺陷，阻碍激励知识创新与技术进步的协调。

农民种质遗传资源保育补偿缺位损害育种创新持续进步。原始育种为利用种质遗传资源的创新，农民作为用种主体与种质遗传资源保育主体的双重身份决定其惠益分享的特殊性。一方面，农民是数量最为庞大

---

[1] 斜晓东:"论'关民共享原理'指引下的一体两翼模式——遗传资源知识产权惠益分享研究"，载《清华法治论衡》2016 年第 0 期。

的用种人，为分享原始育种惠益的直接受益人。另一方面，农民及其祖辈为种质遗传资源的保育人，对原始育种创新有效开展作出巨大贡献，应回报其保育贡献，激发其保育种质遗传资源积极性。但是，实质性派生品种权制度弱化了原始育种准公共品属性，农民获取育种创新成果成本上升同时未基于种质遗传资源保育贡献获得合理补偿，存在损害育种创新可持续进步的风险。

农民种质遗传资源保育补偿缺位实质为激励创新与惠益共享不平衡的体现，品种权具有承继知识集体性与实现利益公共性的特征。一方面，育种技术创新建立在农民及其先辈对种质遗传资源保育的贡献上，品种权保护的育种知识具有农民集体财产的特征。另一方面，育种创新成果具有高度公益性，正外部价值并非仅体现为育种创新技术外溢，更蕴含提振农业竞争力的价值。相较于传统知识产权兼具私人财产与公共财产的二元性特性，品种权属于个体在集体财产上的创新，但其创新收益惠及全体国民，理应从惠益分享视角对保育人给予合理补偿，促成激励创新与惠益共享的平衡。

2. 原始育种创新仰赖种质遗传资源与种质遗传资源流失风险矛盾

种质遗传资源保育权利缺位成为种质遗传资源流失的诱因。我国出台《种子法》建立种质资源国家主权制度，但并未根据农民种质遗传资源保育贡献构建法定权利，仅建立"报批"+"惠益分享"的管理机制，衍生种质遗传资源境外流失风险。一方面，以农民群体为代表的保育方与国家在种质资源保护中为相互依赖关系，农民积极作为与信息分享是国家有效识别、管理种质资源的前提。种质遗传资源保育权利立法缺位使得农民欠缺协助国家管理种质资源的积极性，从种质遗传资源保护源头形成资源流失风险。另一方面，国际存在先进育种技术的发达国家低成本获取发展中国家遗传资源的不合理现象。构建种质遗传资源保育权利能够提升种质遗传资源的排他性，提升境外育种人获取我国种质遗传资源成本。农民种质遗传资源保育权利缺位降低了境外育种人获取我国种质遗传资源的排他性限制，从实践来看，国内外研究人员低价获取甚至盗窃我国优质种质资源出境用于品种培育现象屡见不鲜。[1]

种质遗传资源保育权利缺位为原始育种惠益未涵盖种质遗传资源保育方导致的结果，衍生了激励创新与惠益共享不平衡的矛盾。一方面，鉴于种质遗传资源集体财产属性但原始育种创新辐射国家整体利益的特征，原始育种惠益分享呈现出准公共品惠及农业发展与原始育种根据种质遗传资源后续创新回馈保育人的两个面向，二者协同演进方可维持激励创新与惠益共享平衡。另一方面，种质遗传资源保育权利缺位系原始育种惠益共享面向偏差的产物，实质性派生品种权制度在强化原始育种激励同时并未补偿种质遗传资源保育人贡献，加剧激励创新与惠益共享的不平衡，成为种质遗传资源流失的重要诱因。

（二）种质资源保育者权利缺位弱化农民种质遗传资源权利主体属性

很长的一段时间里，包括种质遗传资源在内的生物遗传资源被视为人类的共同遗产，使用者可以无偿获取、利用遗传资源。但是，随着经济与生物技术的发展，生物遗传资源的经济、生态价值日益凸显，出现发达国家利用技术、经济优势不经发展中国家许可便无偿占有发展中国家生物遗传资源的"生物剽窃"行为，[2]发展中国家提出以"农民权"为代表的权利概念诉求保障其有关植物遗传资源的正当权益，与农民有关的种质遗传资源权利开始在国际法与部分国家的国内法上获得体现。一方面，以《粮食和农业植物遗传资源国际条约》（ITPGRFA）为代表

---

[1] 王盼娣等："《生物安全法》实施背景下生物遗传资源的安全管理"，载《生物资源》2021年第6期。

[2] 斜晓东："遗传资源新型战略高地争夺中的'生物剽窃'及其法律规制"，载《法学杂志》2014年第5期。

的国际条约对农民的留种权、参与利用植物遗传资源的决策权与分享植物遗传资源利用产生的收益的权利进行规定,并要求从国际与国家两个层面促进其权利保障。[1]另一方面,以印度为代表的发展中国家通过专门立法对农民在农业遗传资源保存、利用中的权利予以规定。譬如,印度于2003年颁布的《植物新品种与农民权利保护法》以专章的形式对农民权利予以规范,保存、培育本地农业遗传资源的农民有权根据法律规定请求国家对其作出的贡献予以承认并给予奖励,并建立了包括社区权、利益分享权与赔偿请求权在内的一系列权利予以保障。[2]纵观我国立法实践,为防范"生物剽窃"行为,当前《种子法》第11条明确规定国家对种质资源享有主权,并要求向境外提供种质资源、与境外机构、个人合作研究利用种质资源的行为人应报国务院相关部门批准,并提相应的惠益分享方案。但是,除留种权外,现行立法并未对农民享有的农业遗传资源惠益相关权利作出规定,更未将农民视作与种质遗传资源相关的权利主体。

(三)种质遗传资源保育权缺位折射农民权利与种业知识产权保护内生矛盾

一方面,尽管"农民权"在国际条约与部分国家的国内立法中有所呈现,但其权利内涵及其是否具备法律权利的必要性尚缺乏共识,实践中除部分国家的国内法外,"农民权"的权利内涵及定义主要在国际条约、倡议书中有所体现,譬如,除《粮食和农业植物遗传资源国际条约》外,《21世纪议程》《生物多样性公约》皆对"农民权"的实施问题进行了规定。但是,国际立法对"农民权"的权利定义、内容的

---

[1] 陈杨:"ITPGRFA中传统知识的农民权利保护模式研究",载《求索》2017年第4期。
[2] Sahai S, "India's plant variety protection and Farmers' Rights Act", *Current Science*, Vol. 84, No. 3, 2003, pp. 407~412.

规定语焉不详，更多地体现为一些原则性、道义性的要求，缺乏可操作性。因此，有观点认为"农民权"更多地类似于一种道义上、政治上的权利，缺乏法律化的可行性。[1]另一方面，从种质遗传资源的特征与公益价值来看，种质遗传资源应属于公共财产，不应当为任何人所私有，因此其长期被认为是人类共同遗产。即便国内法要界定其权利归属，也应如其他自然资源一样明确为国家所有，以保障其公益性。不过，强调农民在种质遗传资源上的权利，明确其主体地位，是否会影响其他人对种质遗传资源的合理利用？是否会影响国家的管理与保护职权？这些问题仍有待思考。另外，农民种质资源保育者权利纳入知识产权权利保护范畴面临障碍。其一，农民的种质资源保育者权利并非某一个体、个别农民对种质遗传资源保护、培育所存有的权利，而是区域内农民群体长年累月的劳动付出与智慧结晶的产物，能否成为明确的知识产权权利主体尚存疑虑。其二，农民种质资源保育者权利与现有的种业品种权、基因专利权之间为何种关系？法律对前者的承认是否会影响后者权利的实现？这都需要更进一步的辩证认识。

---

[1] 詹映、朱雪忠："国际法视野下的农民权问题初探"，载《法学》2003年第8期。

第五章　种业知识产权保护法律制度的价值转型

种业知识产权保护法律制度所面临的制度困境背后折射的是其内在价值与制度实践的矛盾，根治其矛盾的首要举措在于重塑其内在价值蕴含。本书认为，可从基于利益平衡理念塑造实质性派生品种权制度、基于实质正义理念塑造农民留种权制度与基于分配正义理念构建种质遗传资源保育权制度三个层面有针对性地进行价值转型。

一、基于利益平衡理念塑造实质性派生品种权制度

实质性派生品种权制度困境系强化原始育种激励与品种权使用人、派生育种人与种质遗传资源保育人等关联主体利益矛盾的体现，破解困境的关键在于根据利益平衡理念匡正其制度逻辑。

（一）协调效率与公平价值，合理设定实质性派生品种权行使规则

实质性派生品种权制度运行过程中面临的"反公地悲剧"困局背后承载的是效率与公平价值的冲突，破解其困境的前提在于从二者价值协调的角度入手，合理设定实质性派生品种权行使规则。

1. *效率与公平价值的冲突与协调*

实质性派生品种权制度背景下多权利竞合阻碍权利有效实现的困局实质上为原始品种权客体扩张与派生品种权客体重合发生"反公地悲

剧"的结果。从法理上看,种业知识产权保护面临的"反公地悲剧"困局属于立法者过于强调权利人权益保障的公平价值而忽略效率问题的体现。一方面,利益冲突是权利冲突问题的根源。相较于传统知识产权权利冲突缘于有限资源的不相容利用与权利人对有限知识产品的争夺而言,实质性派生品种权制度面临的"反公地悲剧"困局则为有限资源下对各方权利人利益的过度精细划分、忽略权利行使对经济效率的外部性影响的后果。因此,实质性派生品种权保护的"反公地悲剧"困局的化解不能按照权利边界合理锚定、越界侵权则请求损害赔偿或排除妨碍的传统私权救济路径处理,而应遵循波斯纳所言的"效率为正义的另一意涵,权利应给予最能充分利用它们的人"的思路,[1] 将权利行使的优先性作为当前困境解决的根本出路。另一方面,个人利益并非权利的全部内容,个人利益与公众利益的均衡构架方为法律权利的整体格局,换言之,知识产权制度本身就蕴含利益均衡的价值追求。因此,破解"反公地悲剧"困局、实现效率与公平价值均衡的根本方法仍要回归对法律权利既有工具的应用,从强化实质性派生品种权与相关权利的沟通、协调的角度加以完善。

2. 合理设定实质性派生品种权行使规则

合理设定实质性派生品种权行使规则的关键在于为权利行使建立一定限制,从考量社会整体经济效益的角度完善权利间矛盾的处理规则。相较于品种权制度中同一财产客体上权利"重峦叠嶂"的"反公地悲剧"困境而言,民法在强调私权不可侵犯的同时却存在限制权利的过度配置,防范"反公地悲剧"的有价值先例。譬如,物权法在强调物权的绝对排他性效力的同时,亦设定了"一物一权"原则,防范同一物权客体上出现多个权利内容不兼容的物权权利。又如,一般认为,

---

[1] [美] 理查德·波斯纳:《法律的经济分析》(第7版),蒋兆康译,法律出版社2012年版,第3页。

"共有产权"是"反公地悲剧"的一种经典形式,各共有人的排他性使用权将阻碍共有物的合理使用。因此,我国《民法典》物权编制定"按份共有人可以随时请求分割共有物""共同共有人在有重大理由需要分割时可以请求分割共有物"以及"共有份额的优先购买权"规则,避免共有物管理"僵局"的出现。[1]本书认为,对实质性派生品种权行使的限制实质上应从控制权利间的"排他性"与建立权利行使的优先层级两方面入手。一方面,在同一种子品种客体上通过限制部分权利的"排他性",降低"反公地悲剧"的发生概率。另一方面,建立各种权利矛盾时的权利行使优先规则,为"反公地悲剧"的破解提供制度基础。

(二)原始育种人与品种权利用人的权益平衡

权利竞合与许可使用冲突是实质性派生品种权制度下强化原始育种激励与品种权效率利用矛盾的结果,破解困境应从原始育种人与品种权利用人权益平衡视角构建品种权联盟并树立原始品种权排他性边界。

1. 构建上下游品种权联盟降低交易成本

权利竞合提升权利使用人交易成本实质为"反公地悲剧"背景下多个排他性权利并存降低共有产权许可效率的产物。破除困境的关键是在厘清品种权间派生关系的基础上,参照相关立法中的房地一体化原则、专利池模式,构建串联原始品种与派生品种的上下游品种权联盟,以降低交易成本。

"反公地悲剧"与私有财产权制度为相生相克的关系,在物权、知识产权等高排他性的绝对财产权法律制度中普遍存在,考虑到私权利平等与相互排他特征,解决"反公地悲剧"的根本途径在于整合同一客体上"破碎"的财产权。以物权中的土地财产权制度为例,当土地与

---

[1] 谢鸿飞:"《民法典》物权配置的三重视角:公地悲剧、反公地悲剧与法定义务",载《比较法研究》2020年第4期。

土地上的房屋分属不同权利人所有时，将极大概率面临"反公地悲剧"风险，对此我国民事立法采用"房地产一致原则"化解。譬如，《民法典》第 352 条推定土地上的建筑物所有权属于建设用地使用权人；第 356 条规定建设用地使用权应当和建筑物一并处分。[1] 又如，伴随高新技术快速发展的是专利申请数量的激增，诱发不同主体所有的专利密集、重叠的"专利丛林"危机，增加专利实施交易成本，实践中通过建立专利池制度应对之。池内主体根据协议授权彼此使用对方专利技术，汇聚相关专利权至特定平台，形成统一的专利对外授权规则，以降低交易成本。[2]

实质性派生品种权制度的构建形成了原始品种权、派生品种权"对外绝对""内部相对"格局，使得原始品种权人把握实质性派生品种权利用的上游开关，构建上下游品种权联盟应考量平衡原始育种人与品种权利用人权益。首先，实质性派生品种权制度下形成特定原始品种衍生多个派生品种的格局，原始品种权人把握派生品种权利用上游开关的现实决定了品种权联盟的客体应囊括特定原始品种权及与之关联的派生品种权集群，建立统一的管理平台。其次，原始品种权与派生品种权"内部相对"的特点使得品种权联盟缺乏专利池彼此授权可行性，考虑到原始品种权的完整"绝对权"属性，可参照《民法典》第 352 条规定建立推定派生品种权人同意许可规则。

2. 建构原始品种权排他性边界阻遏权利滥用

促进先进育种技术向农业生产力转化为品种权制度的根本目的，实质性派生品种权制度下原始品种权成为品种权利的核心，甚至形成对特

---

[1] 谢鸿飞："《民法典》物权配置的三重视角：公地悲剧、反公地悲剧与法定义务"，载《比较法研究》2020 年第 4 期。

[2] 郑素丽、章威、卞秀坤："专利池代际演化的过程、模式与启示"，载《科学学研究》2021 年第 1 期。

定技术的"垄断"。为此，除通过减少许可主体降低交易成本外，更应适当限制原始品种权排他性，阻遏权利滥用。

排他性是私权保护的基础要件，更是知识创新者获取经济回报的溯源。部分限制知识产权排他性的正当性缘于对公私益的平衡，通过知识产权强制许可制度保障重要公共利益。譬如，专利权法律制度中存在"专利权人未在一定时间内实施或未充分实施专利权，阻碍科技创新""专利垄断破坏市场竞争"以及"国家紧急情况"等多重专利强制许可事由。原始品种与派生品种、上下游衍生关系与派生品种权基于原始品种权的"相对权"属性是实质性派生品种权制度的核心逻辑，构建原始品种权的排他性边界应在契合逻辑基础上，结合激励创新与权利有效利用平衡的理念建构之。囿于实质性派生品种权许可利用需经原始品种权人同意的制度设计，建立品种权联盟尽管能够缩减许可主体数量以降低交易成本，也能够强化原始品种权在上下游品种权关系中的"垄断"地位。但是，由于后续创新的原始品种集中的现状致使竞争性原始品种高度集中于特定品种，一旦权利人加入同一品种权联盟将衍生品种权垄断问题。因此，除从源头控制品种权联盟规模、主体外，更应建立"防范品种权垄断破坏市场竞争"的品种权强制许可事由，规避其弊端。

(三) 原始育种激励与育种创新公共品供给平衡

原始育种激励与原始育种创新准公共品属性矛盾为产权保护激励原始育种弱化其准公共品属性的结果，重塑二者利益平衡应从保障政府投入与锚定原始育种激励边界共同切入。

1. 保障政府投入维护原始育种准公共品属性

原始育种创新溢出价值与排他性产权保护塑造了原始育种的准公共品属性，理应建立政府投入与产权收益共同补偿其成本的机制。实质性派生品种权制度在强化原始品种权保护、打击"搭便车"育种创新的同时强化产权收益功能，损害其准公共品属性，有待政府投入平衡之。

　　市场经济的本质就是将市场作为资源配置的决定力量。有观点认为，知识产权的私权性质与经济法血统决定了市场优先原则应用于知识产权法领域的必要性与可行性，而国家应遵循谦抑干预的理念。[1]但是，市场优先、国家谦抑干预的思路与原始育种的准公共品属性存在矛盾。首先，我国育种技术的相对落后与原始育种的高成本特征使得"理性经济人"缺乏原始育种成本投入的积极性，完全依赖市场供给将面临原始品种权供给不足的风险。其次，特定时期的育种水平取决于少数原始品种的格局极易使得用于后续创新的原始品种权陷入个体"垄断"局面，损害市场自由竞争。最后，囿于我国与发达国家原始育种水平的可见差距以及与庞大种子市场的反差，过度强调市场机制将加剧国外种业巨头控制本土种子市场的局面，衍生"造不如买，买不如租"的恶性循环。

　　相较于生态环境等纯粹公共产品，原始育种的创新价值外溢等正外部性影响高度集中于特定行业，具有"俱乐部产品"特征，因此能够形成政府与市场合作供给的路径。一方面，保障政府投入并非要遵循政府取代市场、完全由政府保障的逻辑，而是在准公共品的公益属性与市场主体自利立场矛盾、完全市场供给将导致公共产品供给不足的"市场失灵"的情况下，仰赖政府积极介入保障准公共品供给效率。另一方面，政府投入由于以促进公共利益为导向，追求整体育种水平的提高，因此欠缺市场主体逐利性。政府与市场合作能够有效降低原始育种产权激励强度，维护原始品种权的有限排他性。

---

　　[1] 毛翔："市场优先原则在知识产权领域中的应用"，载《重庆大学学报（社会科学版）》2018年第6期。

2. 锚定原始育种激励边界平衡育种创新准公共品供给

政府投入是维持原始育种准公共品属性的前提，但实质性派生品种权制度强化原始品种权排他性体现了通过市场经济回报强化原始育种激励的逻辑。因此，推动原始育种创新准公共品属性实然化首先要求锚定原始育种激励边界。

知识的可复制性使得智力创新成果本身并不具有排他性，产权激励依赖立法在赋予权利排他性基础上予以限制性调整，以维护知识公益性与私人财产权的平衡。[1]而原始育种创新的准公共品属性要求原始育种产权激励限制应严于一般产权，保障其"俱乐部产品"的高可获性。首先，原始育种向派生育种再到用种人的技术价值渐次溢出的路径致使原始品种权利与社会公众对新品种需求利益的协调呈现间接性特征，致使原始育种所承载的利益平衡呈现出原始育种与派生育种、派生育种与种子使用人以及原始育种与种子使用人的平衡三个面向。原始育种为技术创新外溢的源头，限制其排他性方可保障两者的平衡。其次，原始育种创新的准公共品属性决定其研发成本由政府公共投入与市场收益共担的二元特征，限制其产权排他性是控制市场收益功能、维系其准公共品属性的核心手段。

产权激励是市场化手段回报原始育种研发投入与提升育种资源配置效率的途径，锚定原始育种激励边界的关键在于防范产权排他性减损原始育种的公益功效。第一，知识产权"多物一权"的法权逻辑致使其权利排他性远超其他私权利，存在过度垄断妨碍创新之嫌，故通过时间限制等手段约束其收益处于正当范畴。实质性派生品种权制度是平衡财产收益与政府投入的产物，其财产收益的正当边界应严于一般知识产权，应在原有保护期基础上新设实质性派生品种权利保护期。第二，原

---

[1] 王传辉："知识产权法'利益平衡说'之反思：自然法与功利主义之比较"，载《交大法学》2022年第1期。

始育种的相对"垄断"性决定了其许可价格并非完全依赖市场竞争，而是在有限竞争基础上消费者接受外部定价的结果，价格本身反映的是准公共品成本及产品供给与消费者需求的均衡，[1]一旦价格过高则会缩减消费者需求，降低后续创新水平。故应建立实质性派生品种权制度的价格管制机制，防范原始育种人利用自身优势地位抬高价格，破坏实质性派生品种的有效供给。

二、基于实质正义理念塑造农民留种权制度

农民留种权制度与农业现代化发展的矛盾实质上为实现规模化生产的农业生产经营主体借用农民名义滥用留种权的结果，化解矛盾的科学前提在于基于实质正义理念重新塑造农民留种权制度的价值内核，为完善农民留种权制度提供理论依据。

（一）实质正义理念的法理内涵

实质正义是相对于形式正义而言的，在不同的语境中，我们大体能够知会不同的实质正义之所指。但到底什么是实质正义，其具体内涵是什么，学界并无定论，不同的学派会给予其不同具体界定，或者说，也因为其正义实质所指的不同而呈现为不同的流派。在柏拉图主义者看来，实质正义就是各守其职、各安其命、各尽所能；[2]亚里士多德则认为，实质正义是指为人处事的一种度的把握，倾向于做正确的事情；[3]自由主义者坚持正义的实质即是自由，自由之所是即正义之所是；平等主义者认为

---

[1] 张春丽："社保公平筹资分配机制研究——兼论中国社保收入分配悖论的起源"，载《法学评论》2015年第3期。

[2] [古希腊]柏拉图：《理想国》，郭斌和、张竹明译，商务印书馆1986年版，第154~155页。

[3] [古希腊]亚里士多德：《尼各马可伦理学》，廖申白译注，商务印书馆2003年版，127页。

第五章 种业知识产权保护法律制度的价值转型

平等地对待和被对待、认可和被认可是正义理所当然的实质所在；对于功利主义者而言，正义的实质就是保证最大多数人的最大幸福，凡是有利于保障社会平均功利的最大化的行为就是正义的行为。因此，对于"什么是正义？""什么是正义之实质所指？"这一"未决"而"应决"的问题，人们必须予以充分的思考，并作出自己的界定。对此，罗尔斯作出了自己的思考与界定，既全面总结了传统经验，又根据现实处境，经反思平衡后得出了他自己关于实质正义内涵及标准的论述。

正义与非正义如何判定呢？罗尔斯在《正义论》的开篇就申明："每个人都拥有一种基于正义的不可侵犯性。"[1]在此，罗尔斯所基于的是一种什么样的正义？笔者认为，罗尔斯此处所指的只能是实质正义。因为他说"某些法律和制度，不管它们如何有效率和有条理，只要它们不正义，就必须加以改造或废除"，这就意味着法律和制度这类指涉规范的形式之所呈必须由指涉价值的实质性所思去判定，也就是说，形式正义本身无法给自身以正义与否的判定，这一判定只能由指涉价值的实质正义来作出。而有关什么是实质正义的问题，罗尔斯的答案即在"在一个正义的社会里，平等的公民自由是确定不移的"这样一句简单的表述中，"平等的公民自由"就是罗尔斯所指的实质正义的完整内容，其他所有的论述都围绕着这一问题而展开，并充分体现在"如何实现平等的公民自由"的设想与设计中。于是，就有了罗尔斯正义理论的两个基本原则的具体阐述：第一个原则是"每个人对与其他人所拥有的最广泛的基本自由体系相容的类似自由体系都应有一种平等的权利（即平等自由原则）"，第二个原则是"社会的和经济的不平等应这样安排，使它们：①被合理的期望适合于每一个人的利益（即差别原则：在与正义的储存原则一致的情况下，适合于最少受惠者的最大

---

[1] [美]约翰·罗尔斯：《正义论》（修订版），何怀宏、何包钢、廖申白译，中国社会科学出版社2009年版，第3页。

利益)并且②依系于(在机会公正平等的条件下)地位和职务向所有人开放(即机会的公正平等原则)"。[1]

罗尔斯在其正义理论(Justiceas Fairness)中把自由和平等结合起来作为实质正义的标准,以"两个正义原则"的具体内容来反映这一标准的实际所指。他借助契约论传统思想资源,以一种更加抽象的方式来证明这两个正义原则。罗尔斯明确指出,他所提出的契约论本质上是"假设的和非历史的"。[2]其中"非历史"指的是:它实际上只是人类基于理性对国家起源及其合法性的慎思,是一种合乎理性的政治推理。"假设"则是指:合理的政治推理不应受到任何偶然因素的影响,在从事政治推理时我们所需的品质不应该具有任何特殊性,必须借助于"无知之幕"将特殊信息排除;在消除了偶然因素的影响之后,假设的原初状态便是一种理想的选择处境,其间所选择的"两个正义原则"也就必然是正义的。在他看来,原初状态的选择状态就是纯粹假设的设施,目的就在于帮助人们"发现自由与平等、理想的社会合作以及个人的概念"。罗尔斯认为,他的"两个正义原则"类似于康德的绝对命令,以原初状态的建构程序制定出来,通过"无知之幕"的程序正义和社会合作中的"应得"(既然合作体系中的每个人都作出了不可或缺的贡献,那么每个人都应该得到相应的份额)形成主要的证明。

罗尔斯对正义的两个原则的具体阐述,以及两个原则之间辞典式优先排序的考虑,都充分体现了"把自由和平等结合起来作为实质正义的标准"的良苦用心。他认为"每个人对与所有人所拥有的最广泛平

---

[1] [美]约翰·罗尔斯:《正义论》(修订版),何怀宏、何包钢、廖申白译,中国社会科学出版社2009年版,第60~61、83~84、302~303页。

[2] [美]约翰·罗尔斯:《正义论》(修订版),何怀宏、何包钢、廖申白译,中国社会科学出版社2009年版,第12页。

第五章　种业知识产权保护法律制度的价值转型

等的基本自由体系相容的类似自由体系都应有一种平等的权利",[1]这就突出了自由的平等属性,强调了"各种基本自由必须被看成是一个整体或一个体系",[2]强调了自由是"每个""平等的"个人都应拥有的权利,强调了这种自由是"相容的",因此任何人对"自由"的行使都应以不侵犯他人的自由为界限。他明确指出,"所有的社会价值——自由和机会、收入和财富、自尊的基础——都要平等地分配,除非对其中的一种价值或所有价值的一种不平等分配合乎每个人的利益"。这既充分显示了罗尔斯主张的平等主义倾向,又顾及了现实中"不平等分配"存在的历史必然性,只是强调这种"不平等分配"的存在必须合乎每一个人的利益,"那种不能使所有人得益的不平等"是不正义的。[3]差别原则所要制约的是对社会制度的设计、选择和评价,应用于公开化的社会规范体系,应用于具体社会行为得以发生的制度背景。所以,差别原则并不像某些批评者所认为的那样不可接受。同时,罗尔斯将以"功利"为实质正义标准的功利主义作为其正义理论的主要反击对象,拒绝为了更大的总体利益而侵犯个人的权利,"提供一种替换功利主义传统中的那种主导观点的对正义的系统解释"。[4]他坚持认为处在原初状态中的人们,将会选择正义的两个原则,从而"拒绝为那些通过较大的利益总额来补偿一些人的困苦的制度辩护",强调"减少一些人的所有以便其他人可以发展"不是正义,在原初状态中的"最适当观念必定导致与功利主义和至善主义相反的正义原则"。无论如何,功利主义把"一个

---

[1] [美] 约翰·罗尔斯:《正义论》(修订版),何怀宏、何包钢、廖申白译,中国社会科学出版社2009年版,第249页。
[2] [美] 约翰·罗尔斯:《正义论》(修订版),何怀宏、何包钢、廖申白译,中国社会科学出版社2009年版,第201页。
[3] [美] 约翰·罗尔斯:《正义论》(修订版),何怀宏、何包钢、廖申白译,中国社会科学出版社2009年版,第62页。
[4] [美] 约翰·罗尔斯:《正义论》(修订版),何怀宏、何包钢、廖申白译,中国社会科学出版社2009年版,序言第2页。

社会的选择原则解释为个人的选择原则的扩大"[1]是不合适的，因为它"不再关心满足的总量怎样在个人之间进行分配"。[2]而一旦不再关心个人之间如何分配的问题，一个社会的实质正义必然会受到巨大的伤害。这样就极易让人陷入功利主义的恐怖陷阱，使多数人中的任何一个人都可能成为"为多数人的利益而需牺牲自己利益的少数人中的一个"。至于"多数人"则既可以是同时代的多数人，也可以是未来时代加总的多数人，而"少数人"中的那"一个"则无论最终落实到谁的头上，都是切切实实地造成了他的不幸和社会对他的实质性非正义。可以说，在功利主义的理论具体运用到现实生活的过程中，常常会发生违背常识性道德的行为。

（二）农民权益优先保护，保障农民的生存发展权利

农民权益优先保护的正当性。农民权益具有"身份"与"契约"共治的特征。梅因认为，进步社会运动皆为一个从身份到契约的运动，农民权益也秉承从"身份"到"契约"的发展历程。新中国成立以后，我国农业集体化运动使得农民获得"身份农民"属性，农民能够凭借集体成员身份分配到土地，形成对集体的依附关系。农村改革实质是解放农村生产力，调动农民生产积极性的过程。一方面，城市经济的发展促使大量农民进城务工，富裕农民在城市购房落户，农民对土地的依赖性减弱，体现为"契约"属性的农民权利义务关系逐步产生。[3]另一方面，乡村振兴战略开启集体财产制度的改革，农民有权将集体分配的

---

[1] [美]约翰·罗尔斯：《正义论》（修订版），何怀宏、何包钢、廖申白译，中国社会科学出版社2009年版，第23页。

[2] [美]约翰·罗尔斯：《正义论》（修订版），何怀宏、何包钢、廖申白译，中国社会科学出版社2009年版，第25页。

[3] 蒋永甫："农民发展70年：从'身份'到'契约'的演进"，载《江汉论坛》2019年第12期。

第五章　种业知识产权保护法律制度的价值转型

土地使用权流转出去，权利义务内容的"契约"特征得到强化。农民权益优先保护体现"实质正义"精神。城乡二元制造成农民与市民的发展机会、社会福利等诸方面的不平等，甚至社会福利长期被认为是城市居民特权，广大农民与此无缘。[1]从法理上看，市民与农民的不平等为农民身份权利贫困、缺失的体现。[2]实质正义是对结果实质平等理念的追求，要求社会资源合理分配，从而改变农民权利贫困现状。实现"实质正义"的根本路径在于优先保护农民权益，矫正农民相对于市民的不公平待遇。优先保护农民权益是尊重农民作为乡村振兴的"主人公"地位的体现。农民是乡村振兴的"主人公"，乡村振兴战略应维护农民的合法利益，保障农民的生存发展权益。一方面，生存是发展的前提，在农民收入较低的背景下，赋予农民一定"特权"有其必要。另一方面，农民是农业现代化的生力军，优先保护农民发展权益更属推动农业可持续发展的基础。

农民权益优先保护建立在区别"身份农民"与"职业农民"基础上。农村集体土地资源流转限制的放开与农业现代化发展的趋向引发了农业规模化经营的浪潮，而规模化经营程度的高低成为区别"身份农民"与"职业农民"的重要依据。一方面，随着我国农业机械化进程的推进以及国家对加速土地流转的政策引导，规模经营的种粮大户数量不断增长。2013 年，原农业部种植业司组织的摸底调查表明，当前我国种粮大户（南方经营耕地面积 50 亩以上、北方经营耕地面积 100 亩以上）约 68.2 万户，占全国农户总数的 0.28%。因此，国家当前经济及政策都为种粮大户的发展创造了良好的环境，规模经营是种粮农户在

---

[1] 包琪："从生存到权利——建国以来农民福利状态变迁"，载《农村经济》2012 年第 4 期。

[2] 赵万一："中国农民权利的制度重构及其实现途径"，载《中国法学》2012 年第 3 期。

当前环境下的理性选择。[1]另一方面，土地流转型农业规模经营稳步发展。[2]譬如，2017年，全国通过互换方式流转的承包耕地面积达0.3亿亩，2002年至2017年间互换流转的承包耕地面积占流转总面积的比重平均为5.65%。"互换并地"实现了原有耕地的集中、连片经营，这有利于农机作业和耕地利用，促进农业增产增效。又如，股份合作型土地规模经营是指承包农户将土地经营权入股农民合作社、龙头企业而形成的土地规模经营。从经营主体看，这种形式的土地规模经营，主要包括农产品专业合作社、农村土地股份合作社和土地股份经营公司，且主要开展农业合作生产和农业产业化经营这两种经营方式。近年来，在一些农村劳动力转移程度较高的地区，因受地方政府的大力引导，股份合作型土地规模经营发展较快。[3]换言之，农业规模化经营的发展形成了"身份农民"与"职业农民"的划分。前者主要以家庭劳动力与集体分配的耕地为基础，依赖"小农"模式展开农业生产，后者具有劳动力、耕地以及资金技术的集中优势，能够开展规模化经营。因此，"身份农民"与"职业农民"的生存发展状况存在本质区别，保护农民权益应建立在明晰二者差异基础上。

完善留种权以保障农民生存权利。农民留种权是考虑农民弱势经济地位、减轻农民经济负担的法律制度，有助于保障农民生存发展权利。

---

[1] 房瑞景、杨鲜翠、陈雨生："我国种粮大户发展现状、问题与对策"，载《农业经济》2016年第11期。

[2] 土地流转型农业规模经营是指小农户、种植大户、家庭农场、农民合作社、龙头企业等（新型）农业经营主体，通过转包、出租、转让、互换、入股等形式流入土地而形成的土地规模经营。参见房瑞景、杨鲜翠、陈雨生："我国种粮大户发展现状、问题与对策"，载《农业经济》2016年第11期。

[3] 2017年，通过股份合作方式流转的承包耕地面积达0.3亿亩，占土地流转总面积的5.86%。2002年至2017年这一流转方式的面积平均占比为5.39%。2009年至2017年，流入农民专业合作社的承包耕地面积占比由9.21%逐年上升到22.66%，年均上升1.49%。参见杜志雄、肖卫东："农业规模化经营：现状、问题和政策选择"，载《江淮论坛》2019年第4期。

农民留种权保护与农业产业化生产的矛盾为农民权利义务关系受"身份"与"契约"共治但农民留种权仅强调权利主体的身份性特征的结果。一方面，农业产业化生产的发展使得"身份农民"特性缩减，"职业农民"属性增强，"职业农民"凭借其技术、资本优势扩大生产经营规模，扭转经济弱势地位或与农业企业形成"利益同盟"共同牟利，考验建立农民留种权保障农民生存权利的合理性。另一方面，生物技术的发展使得种子绝育等侵害农民合法权益的手段快速发展，而种子公司"理性经济人"的角色更使得经济弱势的农民缺乏抗衡能力，生存发展权利受到严重威胁，但农民留种权制度未予以合理回应。因此，保障农民生存发展权利的关键是建立合理的农民留种权制度，以契合农民权益"身份"与"契约"共治的现状。

三、基于分配正义理念构建种质遗传资源保育权制度

农民受益的种质遗传资源保育权法律制度缺位系育种创新收益在利益相关主体间分配不均的产物，改变当前不足的前提在于基于分配正义理念构建种质遗传资源保育权制度。

（一）分配正义理念的法理内涵

分配正义有其悠久的发展历史。亚里士多德在其有关伦理学著述中对"具体公正"进行了二次划分，其一即"在私人交往中起矫正作用的公正"。矫正的公正又有两种，对应于两类私人交往：出于意愿的和违反意愿的。其二即"表现于荣誉、钱物或其他可析分的共同财富的分配上的公正"。其二即"分配正义"。虽然此处分配正义的定义包含了对"可析分的共同财富"的分配，但在具体论述"分配正义"时，亚里士多德却主张："人们都同意，分配的公正要基于某种'配得'，

尽管他们所需（摆在第一位）的并不是同一种东西。民主制依据的是自由身份，寡头制依据的是财富，有时也依据高贵的出身，贵族制则依据德性。"[1]显然，无论是抽象的"配得"，还是具体的"身份""财富""出身"和"德性"，都与"尊重他人为人，并保障其为人"的现代分配正义理念不同。尤其当亚里士多德在论述"公正的性质与范围"时主张"公正是指一种品质"[2]"公正是一切德性的总括"[3]，其基于"配得"的分配正义主张与现代个体价值平等尊重的分配正义理论更是相去甚远。

转折点出现在康德的著述中。为了实现绝对律令，[4]康德认为"政府有权强迫富人提供维持那些在最必要的自然需求上不能自己维持自己的人的资金""这可以通过向国家公民的私有财产或者贸易来征税，或者通过建立基金会及其利息来实现"。当然，"这样做不是为了国家需要，而是为了人民的需要，但不只是通过自愿的奉献""国家不能抛弃任何一个要活下去的人"[5]。在此，接济穷人已由私人自为的慈善变为国家不可推卸的强制义务。这种转变的出现与康德对道德平等的认识有关。在《伦理学讲义》中，康德说："最好去看看穷人是否有获得帮助的其他方法，而不是以遭到'贬低'的方式接受施舍。"[6]因

---

[1]［古希腊］亚里士多德：《尼各马可伦理学》，廖申白译注，商务印书馆2003年版，第134~135页。

[2]［古希腊］亚里士多德：《尼各马可伦理学》，廖申白译注，商务印书馆2003年版，第126页。

[3]［古希腊］亚里士多德：《尼各马可伦理学》，廖申白译注，商务印书馆2003年版，第130页。

[4]［德］伊曼努尔·康德：《道德形而上学原理》，苗力田译，上海人民出版社2005年版，第118页。

[5]李秋零主编：《康德著作全集：纯然理性界限内的宗教 道德形而上学》（第6卷），中国人民大学出版社2007年版，第337~338页。

[6]［美］塞缪尔·弗莱施哈克尔：《分配正义简史》，吴万伟译，译林出版社2010年版，第99页。

第五章　种业知识产权保护法律制度的价值转型

为在康德看来，给人施舍在抬高了施舍者的"骄傲"的同时又"贬低"了接受者，而这已经破坏了道德的最核心本质：我们必须把任何别人都当作其自身的目的，而非满足自我"慷慨"虚荣的工具。因此，康德之后，"分配正义"由富人慈善中的"恩惠"变成了由国家保障的穷人的"权利"，而这正是现代分配正义的核心要素。

罗尔斯是康德的追随者。[1]"20世纪的伦理学、经济学曾经把'分配正义'束之高阁，罗尔斯则在双方的学问上想要恢复'分配正义'的权力。"[2]罗尔斯于1971年出版了《正义论》，在该书的第46节，他给出了其两个正义原则的最后陈述："第一原则，每个人对与所有人所拥有的最广泛平等的基本自由体系相容的类似自由体系都应有一种平等的权利。第二原则，社会和经济的不平等应这样安排，使他们：①在与正义的储存原则一致的情况下，适合于最少受惠者的最大利益，并且，②依系于在机会公平平等的条件下职务和地位向所有人开放。"[3]在此，尤其是第二原则（机会平等与差别原则）所发散出来的关照弱者的思想，既延续了康德的足迹，也是对功利主义的反叛，而这正是正确定义现代分配正义概念的逻辑起点。所以，弗莱施哈克尔感叹道："这个概念在几乎两个世纪的政治辩论中发挥了突出的却不成熟的作用。现在，它终于得到了清晰的表述。"[4]

罗尔斯对分配正义的论述始自《正义论》出版前的两篇重要论文，其一即罗尔斯于1967年发表于《哲学、政治与社会》第3期上的《分

---

[1] [美]约翰·罗尔斯：《正义论》，何怀宏、何包钢、廖申白译，中国社会科学出版社1988年版，第205~257页。

[2] [日]川本隆史：《罗尔斯：正义原理》，詹献斌译，河北教育出版社2001年版，第85页。

[3] [美]约翰·罗尔斯：《正义论》，何怀宏、何包钢、廖申白译，中国社会科学出版社1988年版，第302页。

[4] [美]塞缪尔·弗莱施哈克尔：《分配正义简史》，吴万伟译，译林出版社2010年版，第151页。

配正义》一文,其二即 1968 年发表于《自然法论坛》第 13 期上的《分配正义:一些补充》一文。在《分配正义》一文中,罗尔斯明确宣称,其正义两原则处理的是社会基本结构问题,这种基本结构包括政治制度和主要的经济、社会制度两大部分,而正义两原则就是应对这两方面的不平等。在此,正义两原则与社会基本结构的两大部分之间似乎存在着一种潜在的对应关系。当然,这里仅是一种猜测,只不过在《分配正义:一些补充》中,这种猜测应验了,这种潜在的对应关系被公开化了。罗尔斯写道:"正义两原则的公式假设我们可以有用地将社会结构划分为两个相互区别的部分,第一原则适用一个部分,第二原则适用另一个部分","基本的自由,诸如主要的政治权利、良心和思想的自由、基本的公民权等应由第一原则予以平等保障。第二原则适用于收入和财富的分配以及那些对组织权力产生差异的政治经济制度的结构"。进一步地,在《作为公平的正义——正义新论》中,罗尔斯公然主张,"正义原则中第一原则适用于宪法实质问题,第二原则适用于分配正义之制度"〔1〕。秉承罗尔斯的这一思想脉络,本书中使用的罗尔斯的"分配正义"这一概念指称的便是罗尔斯的第二原则。

(二)落实农民种质遗传资源保育权益,实现惠益分享分配正义

保障农民种质遗传资源保育权益的正当性。知识产权通过赋予权利人一定的独占权利,保证经济回报、鼓励创新。但此并不代表其收益应由知识产权权利人独占,相反,鉴于种业知识产权建立在利用种质遗传资源的基础上,有必要根据种质遗传资源保育者的贡献给予其一定补偿,以维护各方利益平衡。首先,知识产权的私权属性使得种业知识产权的权利内容过度强调权利人的收益权利,未体现农民培育种质遗传资

---

〔1〕 [美]约翰·罗尔斯:《作为公平的正义——正义新论》,姚大志译,上海三联书店 2002 年版,第 78 页。

源的价值与经济权益,产生了种质遗传资源保育者权利制度空白与学理模糊的困境。为补偿农民贡献,激励农民开发优质种质遗传资源,有必要构建农民种质遗传资源保育权,保障其合法权益。其次,乡村振兴的核心是推动农民增收、激发农民发展建设乡村事业的积极性。城乡居民发展机遇、社会福利的不平等为农民权利贫困的结果,故解决问题不能停留于单纯维护农民基本生存权利的层面,应升华为实现农民经济权利的高度,农民种质遗传资源保育者权利缺位实质为农民经济权利不足。一方面,农民作为种质遗传资源保育者长期无法获得经济回报,育种付出与惠益分享不平衡。另一方面,农民作为种质遗传资源保育者长期无法表达自身利益诉求,法律欠缺对其权益的合理表达。因此,有必要将农民纳为种业知识产权惠益分享对象,解决农民权利贫困问题。

塑造以"分配正义"为核心的惠益分享正义价值。分配正义的古典解释为"应得",即根据大多数人认可的标准分配有限资源,最终实现结果与过程的平等。罗尔斯认为,分配正义主要体现为社会制度对权利义务的分配,或者对社会利益的划分。马克思认为,分配正义的逻辑起点为生产方式,只有建立生产资料公有制实现按劳分配和按需分配,方为最高层次的"分配正义"。[1]我国建立了土地等重要生产资料公有制,但是,农民权利贫困的现实使得农民的劳动投入与历史贡献并不完全契合,产生"农民种质遗传资源保育权益保障不足"问题。实现农民种质遗传资源保育权益的关键在于以"分配正义"为核心将其纳为种业知识产权惠益分享主体。

惠益分享正义的价值塑造。如果说"农民权"在国际法上的缺失为国家间利益割裂的结果,农民种质遗传资源保育者权利在国内法上空缺则为现行立法仅强调种业知识产权权利人、使用人的利益,忽略保护

---

[1] 王鑫:"分配正义在社会主义中国:基于分配制度的考察",载《学海》2022年第2期。

种质遗传资源保育者利益的结果。近代以降,知识产权法将鼓励创新与维护公共福利作为制度创设依据,但是,相关立法对公共福利的维护更多体现在对智力成果的积极利用和激励继续创新层面,追求二者的"利益均衡"。[1]农民种质遗传资源保育者权利缺位宣告了现有"利益均衡"模式的不足,考虑到农民对种质遗传资源保育工作的贡献,种业知识产权的"利益均衡"应向种质遗传资源保育者权利人、种业知识产权权利人与非权利人三者间的"利益均衡"转化,核心是从"分配正义"理念出发,保障农民种质遗传资源保育者的经济权利。同时,为体现权利行使的效率原则,农民种质遗传资源保育权应仅限于惠益分享层面,避免影响种业知识产权的有效许可使用。

明确种质遗传资源保育者收益分享权。农民群体保育种质遗传资源的特殊贡献决定保育农民分享育种创新收益的正当性,理应建立法定权利保障其收益分享权。其一,原始育种创新仰赖种质遗传资源利用及保育贡献从属农民集体的现状决定原始育种惠益应部分用于补偿农民育种贡献,但激励创新与知识产品应用惠益平衡的传统逻辑使得补偿农民育种贡献未体现在传统知识产权的权利架构中,理当完善之。其二,权利为个人、集体主张其利益的正当性渊源,农民群体的弱势地位与知识产权鼓励创新但难涉及遗传资源保护的局限性致使现有品种权制度难以有效维护农民种质遗传资源保育权益,有必要新设权利加以保障。其三,育种创新收益分享权应实现与种质资源国家主权、原始品种权的平衡。首先,种质遗传资源对生态、经济的极端重要性决定了种质遗传资源归属国家所有与建立国家主权制度的必要性,决定了育种创新收益分享权无法被塑造为高度排他的私权利。部分学者所持的"明确国家、集体对农业遗传资源的权利归属"观点更与《宪法》"自然资源属于国家所

---

[1] 王艳翚、宋晓亭:"中医药传统知识利益分享思路建构",载《河北法学》2013年第9期。

有"的规则相矛盾,〔1〕缺乏现实性、可行性。其次,知识创新是创造人"站在巨人肩膀上"前行的产物,原始育种创新为农民及其祖辈在保护、培育种质遗传资源基础上的技术创新,故育种创新收益分享权利主体应属特定农业区域内的农民群体、权利客体应为特定的种质遗传资源,是农民群体保育贡献的补偿权益。其四,育种创新收益分享权因农民群体主体特征具有集体财产权属性,但种质遗传资源对种业发展的基础性作用决定其公共品功能,收益权实现方式应体现为国家主导、弱排他性的农民群体经济补偿。

补偿农民种质遗传资源保育贡献阻遏资源流失风险。我国种质遗传资源丰富但原始育种创新能力不足导致种质遗传资源流失风险,故赋予农民分享育种创新收益权利应体现激励育种创新与惠益分享平衡,以经济补偿与农民保育贡献匹配的逻辑现实化种质遗传资源保育权利。作为上层建筑,法律权利的内涵随生产力、生产关系的发展而变迁。种质遗传资源保育权为农民群体根据其保育贡献分享种质遗传资源创新收益的权利,在小农经济时代,农民保育种质遗传资源旨在选育优质品种,并无明确的权利属性。种业科技进步引发了育种能力、效率的飞跃,产生育种人与用种人分化,衍生育种利益权利化趋向。原始育种创新建立在利用种质遗传资源的基础上,原始育种与派生品种许可利用的营利属性决定保育人分享育种收益的正当性,但国际"生物海盗"危机诱发了种质遗传资源流失风险,阻遏不足将损害遗传资源创新价值,降低其创新收益功能。具体来看,同一植物品种上的品种权人、种质遗传资源保育权利人系共同贡献、共享利益与共担责任的群体。一方面,惠益分享不仅是育种创新激励与创新利益社会共享平衡的体现,更应考量权利与

---

〔1〕 胡小伟:"农业遗传资源权的生成及其体系构建",载《华中农业大学学报(社会科学版)》2017年第3期。

义务的平衡，形成合理的"选择性激励"机制。保存、培育种质遗传资源属于农民及其先辈的贡献，系小农经济生产力低下、抵御风险能力不足的产物。育种技术的飞跃消灭了"小农"式的保育需求也衍生了种质遗传资源失窃风险，但育种人与保育人的专业分化致使育种人欠缺种质遗传资源保育的专业知识，成为种质遗传资源流失的重要诱因。农民群体作为种质遗传资源保育主体，课以其防范种质遗传资源流失法定义务有利于实现权利义务的平衡。另一方面，自然资源的高度公益性与自然资源国家所有的制度设计决定农民分享种质遗传资源收益应注意公益与私益的平衡，故种质遗传资源利用人保护种质遗传资源的法定义务不仅是实现自身收益的对等制度，更应具化为对公共利益负责的机制。种质遗传资源是原始育种创新的溯源，国际种质遗传资源流失不仅将降低原始育种创新收益功能，更是对国家自然资源经济主权的侵犯，课以保育人防范种质遗传资源流失义务是公私益平衡、多主体共同保护自然资源国家经济主权的体现。

第六章 乡村振兴战略背景下种业知识产权保护的法律制度变革路径

乡村振兴战略的提出为种业知识产权保护的制度变革指明了具体方向,价值重塑为种业知识产权保护的制度变革的前提性要件。在重塑其价值内涵的基础上,种业知识产权保护的法律制度变革应从框定实质性派生品种权制度的激励模式、完善以生存发展权为核心的农民留种权与创设以收益权为核心的种质遗传资源保育权三个层面切入。

一、框定实质性派生品种权制度的激励模式

实质性派生品种权制度是运用市场机制激励原始育种的产物,考虑到实质性派生品种权制度运行过程中牵涉多重利益关系的现实,应从构建种业知识产权行使的优先权与权利补偿制度、构建平衡育种人用种人利益的品种权联盟以及科学界定原始育种创新的权利激励方式三重视角框定实质性派生品种权制度的激励模式。

(一)构建种业知识产权行使的优先权与权利补偿制度

权利共存为知识产权保护的普遍问题。有学者指出,种业专利权与品种权共存的产生问题缘于植物创新成果知识产权保护制度欠缺整体考量，未顾及法律制度间协调的结果。化解其问题的关键在于正视专利权与品种权的制度差异，从有利于促进相关方利益协调的角度寻求制度创新，故提出将农民留种权、育种豁免特权以及知识产权间交叉强制许可制度引入专利法的规制思路。[1]本书认为，价值重塑与制度变革之间为"名"与"实""源"与"流"的关系，完善法律制度的关键在于促进制度应承载的价值获得全面体现。种业知识产权行使的首要问题在于协调效率与公平两种价值的矛盾，第一步应从效率视角完善种业知识产权保护法律制度。为此，完善种业知识产权行使机制并非对专利权与植物品种权矛盾的修补，而是以整体视角构建种业知识产权行使的优先权与权利补偿制度，以形成协调效率与公平价值的"利益均衡"局面。

创设种业知识产权行使的优先权制度。优先权为法律基于特殊政策考量赋予特定权利一种特殊效力，保障该权利较其他权利优先实现的法律制度。权利的过度设置为种业知识产权行使面临"反公地悲剧"的成因，但同一权利客体上权利"过剩""竞合"并非必然导致"反公地悲剧"，权利间"排他性"方为"反公地悲剧"的根源。另外，种业知识产权的利益关系复杂性与利益主体多元化决定了限缩同一权利客体上权利数量的困难。从利益均衡视角出发，以效率价值为导向，破解"反公地悲剧"的科学思路在于创设优先权制度，破除知识产权权利行使的"排他性"。相较于破产债权中税收优先权承载的国家利益优先于个人私益[2]、劳动债权优先权承载的生存权高于财产权[3]的价值理念，种业知识产权优先权制度并非为特定价值间的高低比较，而是

---

[1] 王术坤、韩磊：《中国种业发展形势与国际比较》，载《农业现代化研究》2022年第5期。

[2] 关爱麟、崔晓磊：《税收优先权的法律适用困境及其化解》，载《税务与经济》2022年第2期。

[3] 秦亚东：《论劳动债权优先权——公平与效率的两难选择》，载《学术交流》2008年第7期。

第六章　乡村振兴战略背景下种业知识产权保护的法律制度变革路径

"利益均衡"局面下效率与公平价值的再平衡。第一，同一权利客体上权利间"排他"为种业知识产权许可使用产生"反公地悲剧"的根源。本书认为，基于效率原则，种业知识产权优先权设定应遵循"保护在先权利原则""从权利附随于主权利"的逻辑进行。一方面，派生品种为原始种子品种的衍生品种，前者为后者的派生物，根据"保护在先权利原则"，在权利竞合且权利人意思表示矛盾时应遵循原始种子品种权人的意思行事。另一方面，在种业专利权与种业品种权矛盾时，则应对"保护在先权利原则""从权利附随于主权利"理念综合评判。如若种业专利为针对不特定种子品种的专利权利，则应参照"保护在先权利原则"，根据权利创设的"新来后到"决定以何权利人的意思为主。如若种业专利属于适用特定种子品种权的专门权利，则应参考"从权利附随于主权利"的原理，以种业品种权人的意思为准。第二，效率与公平价值的再平衡为"利益均衡"的终极目标，优先权设定应建立在兼顾双重价值的基础上。一方面，鼓励创新为知识产权的首要价值，育种豁免为平衡种业知识产权权利人与潜在权利人利益的制度设计。因此，本书认为，育种豁免特权优先权应建立激励植物育种创新的育种豁免特权效力优先专利权规则。[1]另一方面，对弱者利益的考量是公平价值的体现。农民相对于市民与种业公司属于经济弱势群体，建立农民留种权保障农民生存发展权，也是平衡种业知识产权权利人与非权利人利益的体现。因此，农民留种权的生存发展保障功能应给予最高层面的价值评估，建立留种豁免特权优先于专利权的规则。

构建种业知识产权行使的权利补偿法则。正义本身即涵盖"效率"意涵，以效率原则来审视，法律不得仅保护一项权利而不考虑其他权利的实现，如此即便解决了纠纷，由于相关利益未获得合理协调，矛盾仍

---

[1] 万志前、张文斐："论参与式植物育种中的农民权利及惠益分享"，载《华中科技大学学报（社会科学版）》2016年第4期。

旧存在。只有合理调整各方利益，方能从根本上解决矛盾，而协调各方利益的关键在于对受损方的利益补偿。[1]优先权制度的构建必然导致非优先权利人的利益受损，为根治矛盾，有必要建立利益补偿机制。第一，合理界定权利补偿对象。优先权可区分为育种豁免、留种豁免等特权型优先权与种业知识产权内部的一般型优先权。知识产权制度属于"利益均衡"的产物，对权利的合理限制为知识产品的个人性与社会性、权利人利益与公众利益双重保护特征的体现，而特权型优先权则是对社会公共利益的制度承载。因此，完善特权型优先权制度具有正当性，为知识产权制度"利益均衡"的呈现，不属于权利补偿的对象。另外，尽管一般型优先权制度具有促进"物尽其用"的公益目的，但本质仍属对私权间矛盾的协调，体现为同一权利客体上先权利与后权利的"扬抑"过程。以民法上的"添附"制度为例，尽管《民法典》规定价值较大者吸收价值较小者，重新划定添附物所有权归属的规则，但亦规定受益者应向受损者提供补偿规则，以体现公平理念。为体现权利间的实质公平，合理调整各方利益，有必要将一般型优先权纳入权利补偿的对象。第二，构建种业知识产权权利补偿的基本方案。不论是对权利损失的赔偿还是补偿，皆应以权利人利益损失为准。[2]但是，相较于一般情况下的知识产权许可费用的补偿、赔偿而言，种业知识产权的优先权为对其他权利人意思自治能力的限制，无法准确评定其市场价值。本书认为，种业知识产权的权利补偿方案并非对私权间矛盾的调和，而是基于效率价值对种业知识产权权利人间利益关系的"再均衡"过程。权利补偿应为类似于基于公益目的对特定人群的经济利益补偿，其补偿标准、机制应根据其公益价值评定，权利补偿应在保障被限制方经济价

---

[1] 刘友华："论知识产权纠纷解决机制：以权利冲突为视角"，载《湖南科技大学学报（社会科学版）》2007年第2期。

[2] 李承亮："侵权赔偿体现知识产权价值的民法原理"，载《法学研究》2022年第3期。

值的基础上,根据优先权人与获得许可权利人的经济收益公平分配。

(二) 构建平衡育种人与用种人利益的品种权联盟

原始品种权的权利内涵及其限制规则为构建品种权联盟的核心问题,促成育种人与用种人间的利益平衡应从联盟内原始品种权与派生品种权权益平衡、原始品种权与用种人利益平衡的双重视角嵌入。

1. 理顺品种权联盟内部的权利关系

如前所述,法律不得仅保护一项权利而不考虑其他因素,否则即便看似解决了纠纷,但由于相关利益尚未获得合理协调,矛盾仍潜在存在。只有合理调整各方利益关系,方能从根本上解决矛盾,而协调各方利益关系的关键在于补偿受损失权利一方的利益。[1]实质性派生品种权授权许可应经原始品种权人的同意、同一权利客体上多权利并存降低权利利用效率的局面决定品种权联盟内部设立原始品种权优先权的必要性,但是原始品种权权利优先的制度设定为部分减损派生品种权人经济利益、自主意志的过程,应设立相应的利益补偿机制予以平衡。

权利的实质为法律所保障的所有者利益,而有限利益在不同权利人中的配置将产生特定人利益受损、增益的后果。换言之,设立原始品种权的优先权制度实质上为减损派生品种权人利益、提增原始品种权人与品种权利用人利益的过程,为促成全局性效率提升与合理协调各方利益关系,有必要基于卡尔多"补偿原则"效率理念,构建"受损失主体不比以前差"的派生品种权人利益补偿标准。

品种权人及权利利用人间权利冲突的复杂性与品种权经济收益的有限性使得"帕累托最优"的理想目标难以现实化,以卡尔多"补偿原则"效率理念指导利益补偿机制构建能够促成优先权制度公平性与可

---

[1] 刘友华:"论知识产权纠纷解决机制:以权利冲突为视角",载《湖南科技大学学报(社会科学版)》2007年第2期。

行性的平衡。权利本质为一种社会关系，原始品种权、派生品种权以及品种权利用者权利为育种创新利益共同体的不同权利构成，为各方自利又合作的关系。不同权利主体有着不同的价值创造能力与利益需求，需要贡献自身能力与他人进行利益交换以满足共同体其他成员及社会公众的需要，从中获得一定的经济报酬，[1]故制定优先权行使的利益补偿标准的关键在于评估派生品种权人的贡献。

派生品种权人的利益补偿机制实质上属于育种创新利益共同体"损益-补偿"式合作机制。一方面，派生品种系对原始品种修饰性、模仿性育种的产物，这决定派生品种权仅具有有限创新的特征，其育种创新贡献远弱于原始育种。但是派生品种权利激励主要仰赖于市场收益的方式决定了品种权创新贡献与市场收益之间并非呈现正相关函数关系，而是高度取决于市场溢价。因此，针对派生品种权的利益补偿应以实质性派生品种权与原始品种权的差价为基础，辅之以原始育种高成本投入的考量。另一方面，市场激励的价格波动与损益不确定性决定市场能否提供稳定、高于其成本的收益存在不确定性，与"补偿原则"的效率理念矛盾，有违公平原则。为此，考虑到育种创新的准公共品特征，有必要建立政府统筹、以品种权利用人为主要出资人的派生品种权人利益补偿基金制度，作为市场收益难以覆盖其成本时的经济补偿来源。

2. 建立原始品种权强制许可机制

知识产权强制许可等限制规定是分配正义理念对"劳动论""功利主义"等知识产权传统理论修正的结果。一方面，"劳动论""功利主义"从权利人基于劳动自然获取财产、权利人的知识创新贡献增长社会福利等特定视角证成知识产权创设的正当性，但欠缺对知识创新利益

---

[1] 陈婉玲："区际利益补偿权利生成与基本构造"，载《中国法学》2020年第6期。

第六章　乡村振兴战略背景下种业知识产权保护的法律制度变革路径

在各利益相关主体间分配问题的关注，面临过度激励权利而惠益分享失衡的风险。另一方面，原始品种权位居品种权联盟上游的核心地位，权利许可利用一旦受阻不仅影响派生品种权人的收益，更将产生种质创新难以获得有效利用、阻碍种业科技进步等弊端。分配正义是关注利益在共同体成员间合理分配的学说，要求根据"合乎最少受惠者的最大利益"标准制定经济利益在各成员间分配的制度，故体现为对知识产权权利人的一定限制。

《种子法》建立品种权强制许可制度但未明确强制许可的具体事由，仅赋予相应主管部门可基于公共利益事由的强制许可决定权，有必要根据实质性派生品种权制度具体化。本书认为，原始品种权强制许可制度应基于"损害品种权利最少受惠者最大利益"的标准构建之。其一，实质性派生品种权利用人位居育种创新价值溢出末端，又属育种创新价值向农业生产力转化的关键"链接"，上游原始品种权的排他性增强不仅会抬高品种权利用人的生产成本，更将诱发农产品价格上涨等粮食安全危机，故启动强制许可应以实质性派生品种权利的利用效能为依据。其二，原始育种作为准公共品的"相对"垄断性与市场利用特征及其对利益相关人影响的间接性特征决定应构建专业的强制许可判断标准。本书认为，基于原始品种权的市场"垄断"属性，原始品种权强制许可的判断标准可参照知识产权反垄断立法的"必要设施"标准建构。具体而言，其判断标准应包含"原始品种权人是否具有市场支配地位""原始品种权人的拒绝许可、高额许可价格行为是否有正当理由""原始品种权人的拒绝许可、高额许可价格行为是否损坏实质性派生品种权利利用市场秩序"等构成要素。[1]

---

[1] 罗蓉蓉：“论标准必要专利拒绝许可行为的规制——兼谈《专利法》第48条第2款强制许可的适用”，载《时代法学》2020年第3期。

(三) 科学界定原始育种创新的权利激励方式

原始育种的准公共品属性决定其权利激励不得完全依赖市场，在构建政府与市场并进的权利激励机制的同时应塑造政府激励与市场激励的动态平衡关系。

1. 构建基于政府投入的原始品种权利激励机制

准公共品的"俱乐部"产品属性决定原始品种权供给应由政府、市场共同激励，实质性派生品种权制度系强化市场激励的产物，应实现政府公共资金的激励功能，防止原始品种育种过度"滑向"私人物品。

公共产品为增加对产品的消费但成本不会上升的产品，产品的"非排他性""非竞争性"特征决定公共产品由市场供给的无效性，有赖于政府公共投资维系之。原始育种面向实质性派生品种育种的高技术价值溢出特征决定其"俱乐部"产品属性，特定群体支付许可费可获得品种权使用权。但是，育种创新产生的提升农业生产力价值能够惠及未支付许可费用的广大国民，故仅具有有限"排他"性。基于市场的品种权激励实质为借助市场主体充分竞争，促进品种创新契合市场需求、提升品种权转化效率的制度。但实质性派生品种权制度提升原始品种权排他存在限缩品种权技术价值的外溢边界、降低惠益程度的弊端，甚至损及粮食安全，有赖于政府补充供给平衡之。另外，尽管实质性派生品种权制度能够提升产权排他性以强化原始育种创新激励，但部分原始育种，尤其是大田作物的原始育种的创新周期长、风险较大，致使育种者的创新收益远低于社会收益，实质性派生品种权制度的激励功能不足，有赖于政府补充承担育种者创新成本。[1]

因此，仰赖政府投资的实质性派生品种权利激励应兼顾实质性品种

---

[1] 唐力、陈超、庄道元："中国原始品种遗传资源与水稻生产的实证研究——基于实质性派生品种制度视角"，载《资源科学》2012年第4期。

第六章　乡村振兴战略背景下种业知识产权保护的法律制度变革路径

权的市场价格与原始育种的研发投入，共同规制原始品种权供给"市场失灵"问题。其一，商品价格由商品凝结的劳动价值与商品的稀缺性、市场需求共同决定。[1]在育种创新劳动投入恒定的情况下，实质性派生品种权制度推高了品种权交易成本，进而提升了商品稀缺性，有必要构建价格管制机制纠正之。原始品种权的相对垄断特征与高度公益属性决定对其予以价格管制的正当性，而实质性派生品种权"衔接"原始品种权与品种权利用市场的身份决定将其列入价格管制对象的合理性。考虑到作物种子作为农业经济的重要生产资料与品种权价格对农业生产成本的巨大影响，有必要通过发布政府指导价与特殊时期价格限制等方式加以规制。[2]其中，对于管制价格低于原始育种研发投入以及难以反映原始育种市场稀缺性的情形应给予政府贴价补偿。其二，部分原始育种创新收益不足的"市场失灵"弊端决定原始育种收益由政府公共投资供给的正当性，但是，不同品种权惠益范畴决定权利公益性层次的区别，政府投资供给强度亦有差异。譬如，有观点认为，基于粮食安全视角，谷类等粮食事关国民生存，替代品有限，有赖国家自给自足，属于公共物品、准公共物品；蔬菜等作物对耕地约束性小，市场替代品较多，不威胁粮食安全，属于私人物品。[3]育种创新旨在推动种业振兴，粮食安全是种业振兴的基础，提振种业竞争力、推动农业高质量发展为种业振兴的高层次目的。政府育种公共投资应根据品种权与种业发展的阶段需求、复杂目标的关联度，给予差异化激励。

---

[1] 陈艳萍、朱瑾："基于水费承受能力的水权交易价格管制区间：以灌溉用水户水权交易为例"，载《资源科学》2021年第8期。

[2] 龙俊："重大突发公共事件中价格管制的正当性及其法律规制"，载《中国政法大学学报》2020年第3期。

[3] 郭珍、吴宇哲："基于食物安全层次性的耕地保护：政府与市场的合理边界"，载《浙江大学学报（人文社会科学版）》2017年第5期。

2. 形塑政府与市场激励的动态平衡

品种创新具有高度实践性特征的根本在于社会利用。政府公共投资有助于破解原始品种权供给的"市场失灵"困境，但政府的利益取向、价值主张与社会客观需求存在落差，有赖实质性派生品种权制度等市场激励机制调整。另外，原始育种准公共品与市场逐利性的矛盾以及政府的公共利益代表人地位决定政府在原始育种激励中承担投资人、监管方双重角色，政府可根据实质性派生品种权制度运行现状"因地制宜"采用激励工具。故政府激励与市场激励间并非"泾渭分明"，而是因势利导、激励相容的动态平衡关系。

政府激励与市场激励的动态平衡实质为国家需求与个体利益互动，共同促成原始品种权科学发展、有效供给的进程。首先，一方面，市场激励是诱发育种人育种创新积极性、品种权有效利用的前提。亚当·斯密指出，市场如一只"看不见的手"指导个人活动，使人们在追求个人利益的同时创造社会财富、促进社会进步。"利己先利人""一切听其自由"的市场竞争逻辑强化育种人识别用种人利益偏好，降低二者间信息不对称进而提升育种创新转化效率，发展农业生产力。[1]另一方面，市场激励在提升资源配置效率、创造财富的同时易诱发育种短期逐利、市场垄断等弊端，难以体现种业发展的全局性利益，更有违原始育种可持续创新的理念，需要政府公共投资平衡之。其次，实质性派生品种权制度系强化原始育种市场激励的机制，但原始育种的准公共品属性决定限制原始品种权排他性的正当性，可构建权利保护时间限制、价格管制等机制约束之。政府作为监管者的角色要求从市场激励与政府激励平衡、创新激励与惠益分享平衡视角调控实质性派生品种权的排他性边界。

---

[1] 唐任伍、李楚翘："共同富裕的实现逻辑：基于市场、政府与社会'三轮驱动'的考察"，载《新疆师范大学学报（哲学社会科学版）》2022年第1期。

第六章　乡村振兴战略背景下种业知识产权保护的法律制度变革路径

是故,政府激励与市场激励的动态平衡最终应落位为"有效市场"与"有为政府"互补合作。首先,强调市场在原始育种激励中的基础作用。市场经济关键在于将市场激励等机制作为资源配置决定力量,而形成有效市场的前提在于产权明晰与交易自由,进而通过市场主体间公平竞争、分工合作促进技术进步、创造财富。实质性派生品种权制度是明晰原始品种权权利边界、阻断"搭便车"侵权的产物,为育种人带来经济激励同时促进育种公平竞争、高质量育种分工,故由市场机制供给"准公共品"属性的原始品种权有效,政府激励应遵循"谦抑"原则。[1]其次,政府信息不对称及其意志与社会需求的落差决定由其供给原始育种的相对低效,但政府意志的全局性、长远性及其激励手段的高权性决定政府激励维护公共利益的可行性,可化解实质性派生品种权制度面临的公益与私益、效率与公平间的矛盾。为促成其平衡,有必要建立政府激励应用的社会、市场评估机制,引入品种权利用人和育种方评价机制,审慎审查其投资行为。

二、完善以生存发展权为核心的农民留种权

农民的生存发展权为农民留种权的价值内核,应在乡村振兴战略的背景下与时俱进,合理实现农民的生存发展权利。具体而言,应在认识农民留种权的生存发展权本质的基础上,通过明确农民留种权的权利主体与重塑农民留种权的权利行为模式等方式完善之。

(一)农民留种权的生存发展权本质

农民留种权为立法尊重农民留种"自繁自用"传统、减轻农民经

---

[1] 马珺:"推动有效市场和有为政府更好结合:中国的探索与理论创新",载《学术研究》2022年第11期。

济负担的产物,是"小农经济"模式下农业生产"自给自足"的体现。乡村振兴战略为农民致富提供了机遇,但是,基于大量农民仍处于经济弱势地位与知识产权法律制度维继各方"利益均衡"的制度机理,农民留种权仍具设立正当性。

首先,农民留种权是法律对农民生存权利的保护。囿于城乡二元结构长期以来所造成的城乡在客观上的经济社会发展差距,政学两界几乎都认为城乡二元结构是阻碍中国现代化的结构性障碍。具体而言,城乡二元结构造成了农民经济贫困、权利贫困,传统农业生产与其他行业经济收入的差距以及农民"身份性"福利与市民的差别使得农民的抗风险能力不高、社会保障福利仍然不充足,大量农民的经济能力仍处于仅能保障基本生存状态,法律有必要给予援助。农民留种权是农民生存发展权在农业生产领域的体现,尽管农民权利义务关系"契约化"使得农民具备选择职业的自由,但农业生产仍属农民的重要收入来源,维系农民留种权是提升农民生存能力的重要制度保障。

其次,农民留种权是法律对农民发展权利保护的体现。中国目前的小农经济,是对人民公社时期农业经营集体主义的承接和延续。近三十年来,我国农村普遍出现了以年轻子女外出务工、年老父母在家务农为主要特征的"以代际分工为基础的半工半耕"的小农经济结构。[1]"以代际分工为基础的半工半耕"既是农村家庭的生计模式结构,也是家庭农业劳动力的再生产结构,并在总体上构成了中国"小农经济"社会构成的核心。一方面,这种小农经济结构使得亿万农民能够在宏观经济发展良好时期获取务工收入以满足基本生活需求,在经济危机时期能够安全退守回到农村,有条不紊地开展家庭生活。另一方面,小农经济结构不仅为中国提供了有竞争力的农业产品,为广大农户家庭提供了

---

[1] 贺雪峰:《小农立场》,中国政法大学出版社2013年版,第1~9页。

第六章 乡村振兴战略背景下种业知识产权保护的法律制度变革路径

基本的生活所需,为国家经济的发展提供了大量的廉价劳动力,还使得农村社会能够保持基本稳定。[1]因此,小农经济的存在具有其合理性,更是现代农业经济的重要一环,农民留种权是体现农民发展权的重要制度构成。

最后,农民留种权是农民与种业知识产权各方"利益均衡"的结果。权利人与非权利人、个人利益与公共利益间的"利益均衡"为知识产权利益均衡的关键。种业知识产权与农业生产的密切关系决定了种业知识产权需考量农民利益的重要性。一方面,农民生存权是对种业知识产权权利的合理限制,是私人权利与农民生存保障的公共利益平衡的结果。另一方面,生存是发展的基础,保障农民生存权利是促进种业知识产权可持续利用的根基,农民留种权为促进种业知识产权发展的必要措施。更重要的是,实现农民农业的发展为农民留种权的根本目的,农民留种权是在农民与种业知识产权各方"利益均衡"下,种业知识产权实现农民农业惠益的重要体现。

(二)明确农民留种权的权利主体

法律是历史的、具体的产物,农民留种权主体的概念内涵亦处于演变中。身份农民时代,农业生产依赖集体安排,农民对职业缺乏选择权,农民身份是农村居民权利义务关系的基础,集体向农民分配生产生活资料,保持生存权利。职业农民时代,"农民"属于公民获取经济收入的职业概念,任何人可遵循自由意志成为农民,从事农业生产获得收入。作为与时俱进的法律概念,农民留种权应契合农民权益"身份"与"契约"共治的现实,根据生存权特征重塑农民留种权权利主体。

本书认为,农民留种权的权利主体应限定为从事"小农经济"的

---

[1] 贺雪峰、印子:"'小农经济'与农业现代化的路径选择——兼评农业现代化激进主义",载《政治经济学评论》2015年第2期。

"身份农民"。第一，权利贫困的农民群体主要源于"身份农民"。"身份农民"系农民农业生产由集体组织、生活保障仰赖集体供给的产物。"身份农民"由于土地等集体财产的流转权能的限制，缺乏财产性收入，国家提供的社会保障水平远低于城市居民，导致了农民经济贫困、生存发展权利低于城市居民的问题。而"职业农民"为农业产业化生产、技术进步的产物，在资金、技术、获利能力上具有优势，即便其生产经营活动面临风险，亦属于市场经济自发行为，与"身份农民"的经济贫困、权利贫困有本质差别，不属于保障农民生存权范畴。第二，"农民留种权"的生存发展权属性与"小农经济"的生产方式契合。"小农经济"诞生于"农业生产要素集中"向"农业生产要素统分并存"的转型时代，相较于生产要素集中、市场化程度深的"专业农户""农业企业"，以"家庭联产承包"为主要形式的"小农"的土地资源通过集体分配获得，农业收益有限，农业生产以"自给自足"为主，更多体现为农业生产满足生存保障的功能。[1]保障农民生存权既是农民留种权的本质，也是当代"小农经济"的重要功能，将"农民留种权"主体限定为从事"小农经济"的"身份农民"符合"农民留种权"的权利本质。第三，以从事"小农经济"的"身份农民"作为农民留种权主体能够规避留种权被滥用。农民留种权被滥用是农业规模化经营与"小农经济"并存背景下农民留种权法律制度未"与时俱进"的产物，而农业规模化经营本身处于市场高度竞争的环境，经营主体盈亏甚至破产属市场规律自发作用的结果，更无留种的传统生产习惯的考量，农民留种权保护并无必要，故应以从事"小农经济"的"身份农民"设置为农民留种权主体以规避留种权被规模化经营主体滥用。

---

[1] 姜安印、陈卫强："小农户存在的价值审视与定位"，载《农业经济问题》2019年第7期。

(三) 重塑农民留种权的权利行为模式

考虑到农民"留种"习惯与小农经济下农民耕地面积小、经济购买能力低的现实,《种子法》规定"农民留种权"时规定其权利行为模式为"自繁自用授权品种的繁殖材料"可豁免品种权人许可。在鼓励"家庭联产承包""包产到户"的现代小农经济发展壮大的年代,农民"自繁自用"豁免"权利许可"的权利行为模式不仅符合其经济基础,更是经济能力较弱、权利贫困的农民的内在需求。但是,随着农业产业化生产的推进,农村土地流转限制的放开,以"家庭联产承包""小农经济"为主的农业生产模式发生转变,生产要素开始向"专业种粮户""农业公司"等新型农业经营主体集聚。即便是小型农户亦基于发展需要,强调与现代农业生产组织合作,发挥生产要素统分协力的优势,[1]这导致了农民留种权与农业产业化生产的矛盾。法律作为重要的上层建筑,理当与时俱进适应社会经济形势的变化。本书认为,在强调农业生产要素"统分协力"、多种农业经营主体共同发展的时代,"小农"与"大农"的差别为生产要素的集中与否,区别"小农"与"大农"不应局限在对"种子"是否属于"自繁自用"的判定,而应以"生产规模"代替"自繁自用"作为是否适用"留种权"的依据。首先,"生产规模"是"小农"区别于"大农"的核心要素。"小农"与"大农"区分的本质为农业生产要素集中度的高低,但农业生产要素集中程度的高低体现在农业"生产规模"的大小层面。譬如,农业生产的核心要素为耕地等生产资料,一定的社会生产力水平下农业生产主体对耕地等生产资料的占有决定农业"生产规模"上限。经典的观点认为,界定"小农"应以"小块土地上的自主经营"为核心,实践中将"经营耕地

---

[1] 靳雯、吴春梅:"小农经济的生存发展空间及其拓展深化",载《农村经济》2020年第7期。

面积10亩以下的农户""以自己的承包地为经营基础,生产规模不超过家庭农场"作为小农的界定依据。[1]其次,"生产规模"标准能够保障"小农"生产自主性与判断留种权侵犯品种权的科学标准。现代"小农"更具经营自主性,既有"满足自我消费"的自给型小农,也存在以"参与市场交易"为目标的商品型小农。对农民生存权的保障不能仅限于农民"生存"层面,更应顾及农民获得经营收入的需要。但是,为防范过度保障"留种"权利侵犯品种权人利益,应将具备"留种权"的主体限制在一定的生产规模,以"生产规模"代替"自繁自用"作为判断侵犯品种权与否的标准。最后,"生产规模"能够作为判断农民留种权被侵权的科学依据。"小农"不仅是农业生产的重要主体,更具稳定农民就业的社会保障作用。但是,相较资金雄厚、抗风险能力强的"大农","小农"资金不足、生存能力较弱,种子绝育等技术严重威胁其生存权利。"生产规模"为区分"大农""小农"的核心,唯有较大资金投入,方能提升生产规模。因此,"生产规模"能够成为判断农民留种权被侵权的科学依据,通过限制种子公司将绝育种子售予"小农",赋予"小农"请求损害赔偿权利,有效保护"农民留种权"。

三、构建以农民群体惠益权为核心的种质遗传资源保育权

农民对种质遗传资源的使用习惯与历史贡献决定农民分享种质遗传资源创新收益的正当性,分配正义理念有赖于科学的权利制度设计促成实现。为此,本书认为,除新创设的种质遗传资源保育权应以收益权为核心,更应体现种质遗传资源保育权利的权益与贡献相匹配特性。

---

[1] 庄天慧、骆希:"小农生产主要特征、困境及与现代农业有机衔接路径研究——基于四川省的实证研究",载《农村经济》2019年第11期。

第六章　乡村振兴战略背景下种业知识产权保护的法律制度变革路径

(一) 创设以收益权为核心的种质遗传资源保育权

1. 种质遗传资源保育权的收益权核心权能

种质遗传资源保育权是保障农民经济分享权益、促进种业知识产权惠益分享的制度。但是，为构建作为种质遗传资源保育者的农民与各方"利益均衡"局面，应将分享经济利益的收益权设立为种质遗传资源保育权的核心权能。首先，以收益权为核心的种质遗传资源保育权是种质遗传资源公益性与农民权利私益性的平衡。《粮食和农业植物遗传资源国际条约》规定，农民权不仅包括分享农业植物遗传资源利益的权利，更涵盖农民参与农业植物遗传资源利用的决策权利。但是，鉴于种质遗传资源的高度公益性与自然资源国家所有的社会主义性质，《种子法》规定国家对种质遗传资源享有主权，明确国家对种质遗传资源的监管职权，农民不得因培育种质遗传资源的贡献就获得对种质遗传资源利用的决策权，种质遗传资源保育权应限定在收益权层面。另外，即便强调农民对种质遗传资源保育的贡献，但囿于农民维护私人利益的视角与种质遗传资源的管理能力的局限，赋予农民相应的管理、决策权无法实现对种质遗传资源的有效保护，理应划定为国家权力，创设以收益权为核心的种质遗传资源保育权平衡国家利益与农民私人利益。其次，以收益权为核心的种质遗传资源保育权体现农民与种业知识产权相关方利益均衡。知识产权是权利人对知识享有的财产权利，而知识是一种公共物品，更是知识产权创造的前提。[1]种业知识产权的诞生是对种质遗传资源保育知识的历史传承，而后者并非如种质遗传资源一样是自然"天赐之物"，而属于历代农民历史贡献的结晶，分享种业知识产权经济收益是对其贡献的肯定。但是，种业知识产权属于私权利范畴，若过

---

[1] 王太平、杨峰："知识产权法中的公共领域"，载《法学研究》2008年第1期。

度强调遗传资源保育者的"排他"权利将影响其他权利人的权利行使，甚至引发"反公地悲剧"，为实现各方"利益均衡"，应限定种质遗传资源保育权的权利核心为收益权。

2. 界定种质遗传资源保育权的权利主体

明确种质遗传资源保育权的权利主体为破除种质遗传资源保育权制度空白与学理认识模糊的前提。首先，种质遗传资源保育权为当代农民对前人贡献历史传承的权利。因此，种质遗传资源保育权并非个体对保育贡献享有的权利，而是种质遗传资源所在地的农民集体享有的财产权利。其次，种质遗传资源保育权是农民基于对种质遗传资源的培育工作的历史贡献享有的获得经济回报的权利，其权利主体应根据种质遗传资源的分布予以限定。本书认为，鉴于种质遗传资源分布区域性，应将种质遗传资源保育权主体限定为特定种质遗传资源分布区域内培育该种质遗传资源的农民群体。最后，种质遗传资源保育权"权利化"的关键在于规范种质遗传资源保育权的行使人。相较于种业品种权等纯粹的私权利，种质遗传资源保育权不仅是一项群体性权利，更属一项带有浓厚公权色彩的私权利。一方面，种质遗传资源归国家所有，受到政府的严格管理，种质遗传资源保育权是权利人享有的获取经济收益的权利，权利本身不得转让，权利的行使受公权力限制。另一方面，尽管种质遗传资源保育权为集体所有，但权利实现应体现为农民个体的获益，因此，种质遗传资源保育权的集体所有系一种抽象的所有权，应建立代表行使人管理、分配收益。本书认为，设置种质遗传资源保育权权利代表人可参照地理标志权利代表制度，成立种质遗传资源保育组织作为权利行使代表机构。

3. 构建种质遗传资源保育权的收益权行使机制

构建权利行使机制为种质遗传资源保育权"现实化"的根本，收益权行使机制是种业知识产权"利益均衡"局面的具体化。首先，明

第六章 乡村振兴战略背景下种业知识产权保护的法律制度变革路径

确国家对收益的最终分配权。一方面，种质遗传资源对国家利益的重要性决定了国家所有的正当性，即便我们认为农民群体的保育贡献应获得利益分享权利，亦应处于国家干预范畴，以保障"理性个体"的利益分配需求服从国家利益安排，实现对种质遗传资源保育工作的合理激励。另一方面，种质遗传资源保育权的收益权为惠益分享正义价值的制度化产物，以实现惠益分享的"分配正义"。国家为全民利益的代表，赋予国家对收益的分配权能够保证种业知识产权利益在各相关方间合理分配，防范农民权益被漠视。其次，规范权利代表机构的收益管理权。权利代表机构是链接群体与个人的关键，权利代表机构的收益管理权是实现"分配正义"，保障收益落实至个体的制度基础。一方面，权利代表机构代表群体管理收益，为农民群体共同利益服务，为保障公益代表性，代表机构人员应由群体成员选举组成，收益分配的重大决议应由群体成员表决并受民主监督。另一方面，权利代表机构是沟通种质遗传资源保育权人与种质遗传资源所有者——国家的"桥梁"，应赋予权利代表机构与相应政府主管部门参与种质遗传资源利益分配方案协商的权利，保障收益科学分配。最后，充实农民个人利益分享权。农民个人的利益分享权是农民个人请求农民群体分享种质遗传资源保育权收益的权利基础，考虑到权利收益"集体所有，个人获益"的原理，构建个人利益分享权应体现群体与个人的"利益均衡"。其一，种质遗传资源保育权主体为农民群体，建立农民个人的利益分享权体现群体内部的"分配正义"，但个人利益不得凌驾于群体利益，群体获得的收益应优先用于种质遗传资源的保育工作，在此基础上根据个人贡献进行分配。其二，农民个人的利益分享权为类似集体成员权的身份权利，个人不得转让权利，他人获得该权利需根据其贡献严格认定。

（二）建立种质遗传资源保育权利的权益与贡献相匹配特性

种质遗传资源保育权是对农民保育贡献的补偿，在构建多元参与的权益实现机制同时，亦应体现对农民维护种质遗传资源国家主权的激励。

1. 具化保育人的收益权实现机制

具化保育权的权利主体。与地理标志权利类似，优良种质遗传资源系特定区域内农民群体选育、保护种质遗传资源智慧、汗水的结晶，而这种群体性的传承式劳动使得遗传资源保育权益脱离"公有"进入群体"专有"，法律上体现为农民群体惠益性权利。[1]就制度构建而言，应如前文所述，建立非官方委派，由农民群体代表组成的，代表其主张实质性派生品种收益分享权利的农民组织。[2]

具化政府在种质遗传资源交易中的利益权衡职能。无可否认，种质遗传资源在原始育种中具有举足轻重的地位，考虑到市场机制在品种权激励与育种资源配置中的核心作用，有必要构建一个有序的遗传资源交易市场，促成资源的有效利用同时规范农民分享收益渠道。但是，遗传资源在原始育种中的关键"原材料"地位与原始育种"准公共品"属性决定种质遗传资源供给应呈现"低排他性"，而农民群体市场竞争的"信息不对称""议价能力不足"缺陷衍生"买方市场相对垄断""遗传资源贱卖"市场失灵风险，有赖于政府介入促成育种方与保育方利益均衡。首先，种质遗传资源对农业持续发展的高度公益性地位与育种人保护种质遗传资源面临的资源流失风险决定国家收集、保存种质遗传资源的合理性。其次，根据《宪法》第9条的规定，自然资源国家所

---

[1] 张海燕："遗传资源权权利主体的分析——基于遗传资源权复合式权利主体的构想"，载《政治与法律》2011年第2期。

[2] 徐家力："传统知识的利用与知识产权的保护"，载《中国法学》2005年第6期。

第六章　乡村振兴战略背景下种业知识产权保护的法律制度变革路径

有的实质为"全民所有"，旨在通过国家公权力的"合理"支配，形成资源合理利用、惠益公平分配的有效秩序。[1]农民群体分享育种创新收益不仅是品种权权益与农民保育权权益平衡的体现，更关涉遗传资源利用与保护平衡、防范遗传资源流失境外与提升种业国际竞争力等多元利益平衡格局，故有权国家机构"合理"介入是必要的。最后，《种子法》第8条、第9条赋予国家保护种质资源的职责，更制定《农作物种质资源管理办法》要求建立"国家农作物种质资源委员会"，从事种质资源利用等管理工作。因此，政府有权机关作为农民组织与研究人的"中间媒介"，维护农民权益、防范研究人私自采获种质遗传资源，具有可行性。[2]

具化农民群体分享种质遗传资源创新收益的实现机制。种质遗传资源的国家所有与群体"专有"的复合结构决定种质遗传资源保育权属于带有浓厚公权色彩的私权利，故其收益分享的机制构建应体现公私益、现实与长远利益的均衡。首先，育种资源的"低排他性"需求与"资源垄断"的市场失灵决定遗传资源供给价格、数量应具有稳定性，保障实质性派生品种权市场供给。故有权政府机构应承担"市场监管"角色，控制种质遗传资源转让价格、数量，必要时进行价格管制。其次，赋予传统社区对遗传资源的支配权并分享收益，不仅是尊重社区习惯法，更应促成传统社区对遗传资源的保护任务。因此，农民群体分享惠益不得仅体现为"生产资料"的经济收益，更应落位于遗传资源的保护及可持续利用价值。[3]一方面，考虑到农民作为遗传资源保存者与种质遗传资源在育种中的基础物质地位，有必要构建农民群体参与式

---

[1] 巩固："自然资源国家所有权公权说再论"，载《法学研究》2015年第2期。
[2] 徐家力："传统知识的利用与知识产权的保护"，载《中国法学》2005年第6期。
[3] 张海燕："遗传资源权权利主体的分析——基于遗传资源权复合式权利主体的构想"，载《政治与法律》2011年第2期。

育种，塑造农民群体原始育种"入股人"地位。另一方面，参与式育种的惠益分享应建构为货币与非货币的多元形式，前者为实质性派生品种权许可收费分红，后者具化为实质性派生品种权豁免、低价许可。[1]

2. 塑造保育人维护种质遗传资源国家主权的激励机制

种质遗传资源的国家经济主权系主权国家对领域内种质遗传资源享有的自主处置、管理权利。从国际法上看，联合国大会通过的第1515（XV）号决议提出"建立和加强各国对本国自然财富和自然资源的不可剥夺的主权"。[2]一方面，种质遗传资源国家经济主权决定国家有权对种质遗传资源利益归属、利用制度的安排，亦应基于民族利益防控遗传资源流失境外。另一方面，尽管《种子法》明确了国家保护种质资源的职责，但《种子法》《农作物种质资源管理办法》仅规定国家对种质资源的普查、保存、鉴定等责任，欠缺对查处种质遗传资源跨境流失职责的规定，而种质遗传资源分布广泛、利用方式多样更决定了监管部门"相对"信息不对称弊端。相关研究指出，我国种质遗传资源的普查、保护工作进展缓慢，部分关涉种质遗传资源多样性的信息几乎处于空白状态，[3]有赖于种质遗传资源保育人的协力因应之。

种质遗传资源保育权主体的遗传资源保育义务与育种利益相关人分工协作决定农民群体与有权政府机构协同防范育种遗传资源流失的正当性，但是，种质遗传资源保育人欠缺维护国家主权的全局性考量，应予激励。首先，在种质遗传资源数量恒定、育种收益有限的前提下，政府

---

[1] 万志前、张文斐："论参与式植物育种中的农民权利及惠益分享"，载《华中科技大学学报（社会科学版）》2016年第4期。

[2] 宋秀琚、史佳卉："自然资源的永久主权原则与其全球公共物品属性：问题及思考"，载《社会主义研究》2011年第4期。

[3] 孙名浩、李颖硕、赵富伟："生物遗传资源保护、获取与惠益分享现状和挑战"，载《环境保护》2021年第21期。

第六章　乡村振兴战略背景下种业知识产权保护的法律制度变革路径

有权机构有效维护种质遗传资源国家主权与境外机构"剽窃"种质遗传资源形成了参与者得失平衡的"零和博弈",博弈方非合作与利益最大化理念决定任何一方将争取种质遗传资源保育人对自身利益主张的支持。其次,法律权利并非以道德要求为前提,确认权利主体的利益方为权利形成的基础,利益引导为人们主动遵守法律与否的首要因素,故种质遗传资源保育人协力维护种质遗传资源国家主权有赖于构建科学激励机制。

一方面,激励种质遗传资源保育人维护种质遗传资源国家主权并非简单给予经济利益,而是权衡激励成本与博弈状况,以提高激励相容度与容纳种质遗传资源保育人利益诉求设立科学激励机制。另一方面,诱发其保护种质遗传资源积极性的根本在于实现种质遗传资源的社会效益,提升本土育种水平,故激励应与实质性派生品种权收益挂钩。其一,给予护种经济激励,促进农民护种。参照生态公益林生态效益补偿制度,在普查、登记种质遗传资源及其保育人的基础上,评估种质遗传资源流失风险、育种人保育贡献的前提下制定科学的保育补偿标准。具体而言,建立种质遗传资源保护单位与保育人的合作关系,根据后者的协助给予补偿。其二,平衡收益分配,兼容种质遗传资源保育人与原始育种人利益诉求。种质遗传资源保育人协助维护种质遗传资源国家主权的根本在于促进本土原始育种收益,经济激励应与实质性派生品种权收益相平衡。具体而言,发挥政府有权机关利益权衡功能,建立特定种质遗传资源保育人与原始品种权人间的实质性派生品种权收益分享机制,鼓励种质遗传资源保育人参与原始育种,划拨实质性派生品种权部分收益设立种质遗传资源保育基金,供种质遗传资源保育人分享育种惠益。

结　语

种业知识产权保护所涉利益主体的多元化、利益关系的复杂性决定其法律制度构建的复杂特征及其"与时俱进"本质，乡村振兴战略的提出为种业知识产权保护法律制度的发展演变指明了新方向，要求种业知识产权保护法律制度在强化育种创新激励的同时应维护农民合法权益，促进农业农村的发展。经本书研究发现，当前种业知识产权保护法律制度的发展变革过程实质上内含平衡育种创新激励与种业知识产权惠益分享、实质性派生品种权制度强化原始育种创新激励与农民留种权制度维护农民生存发展权利等三重价值演变逻辑，而种业知识产权保护所面临的制度困境为种业知识产权所涉利益关系、主体的复杂性、多元化映射至法律制度的产物，具体来看衍生为实质性派生品种权制度损及关联权利行使、农民留种权制度滞后与农业产业化生产矛盾与农民种质遗传资源保育者权利缺位三大层面。解决前述困境的根本方法在于促成种业知识产权保护法律制度的价值转型基础上完善其法律制度构设。一方面，种业知识产权保护法律制度所面临的制度困境系实质性派生品种权制度、农民相关权利在种业知识产权保护法律制度中欠缺合理设计，面临制度实践与价值逻辑脱节的困境，有赖于重塑其价值内涵完善之。另一方面，各制度自身的价值内涵存在差异，应予区别对待，本书认为实质性派生品种权制度、农民留种权制度与种质遗传资源保育权制度应分别通过注入利益平衡、实质正义与分配正义等价值理念的方式重塑其价

结　语

值内涵。在此基础上，本书认为可通过框定实质性派生品种权制度的激励模式、完善以生存发展权为核心的农民留种权与创设以收益权为核心的种质遗传资源保育权的三重理路实现制度完善。

与前人研究相比，本书的创新主要体现在以下三方面：第一，种业知识产权为农业农村、知识产权法学学术研究中关注的重点问题，但当前对种业知识产权保护相关问题的研究呈现片面化、碎片化的趋向，欠缺系统性整合与全面性解读，本书在全面梳理种业知识产权保护法律制度发展演变的历史进程的基础上，证成当前种业知识产权保护法律制度发展演变所内含的平衡育种创新激励与种业知识产权惠益分享、实质性派生品种权制度强化原始育种创新激励与农民留种权制度维护农民生存发展权利等三重价值逻辑；第二，实质性派生品种权制度为2021年《种子法》修改后新增加的法律制度，具有强化育种创新激励，尤其是原始育种创新激励的功能，但现有研究过度强调实质性派生品种权制度的创新激励功能，却欠缺对现有实质性派生品种权制度的不足以及应有的制度配套完善的研究，本书经研究认为对于实质性派生品种权制度应设立合理的激励边界，防范其影响关联权利的有效行使；第三，农民权利的维护与实现是种业知识产权保护法律制度的重点，但现有的制度设计中不仅农民留种权的权利主体、内容皆面临制度与价值的冲突有赖完善，种质遗传资源保育权在相关立法中更加欠缺有效体现。本书在挖掘农民留种权制度内在不足与种质遗传资源保育权缺位弊端的基础上，提出以实质正义、分配正义等价值理念充实其制度构建的思路，是为创新。

但是，本书对相关问题的研究立足于种业知识产权保护法律制度的整体视角上，以该法律制度整体性的内在价值与制度变革逻辑为依据，尚欠缺对具体制度、问题的专门性研究，有赖进一步的深化思考。

参考文献

一、中文论文

1. 余志刚、宫思羽:"新发展格局下实现种业科技自立自强的瓶颈及其破解",载《中州学刊》2023年第2期。
2. 仇焕广等:"打好种业翻身仗:中国种业发展的困境与选择",载《农业经济问题》2022年第8期。
3. 毛长青、许鹤瀛、韩喜平:"推进种业振兴行动的意义、挑战与对策",载《农业经济问题》2021年第12期。
4. 张志伟:"农地三权分置背景下留种权制度的完善",载《华东政法大学学报》2018年第3期。
5. 万志前:"农民留种的困境与出路——基于知识产权的视角",载《江汉论坛》2020年第11期。
6. 万志前、张文斐:"论参与式植物育种中的农民权利及惠益分享",载《华中科技大学学报(社会科学版)》2016年第4期。
7. 董银果、张琳琛、王悦:"种业知识产权保护制度与植物育种创新的协同演化——基于历史回顾和文献综述视角",载《中国科技论坛》2022年第3期。
8. 万志前、冉光清:"专利权与品种权的共存:问题与解决",载《私法》2018年第2期。
9. 钭晓东、黄秀蓉:"利益博弈-文化征服-身份认同:遗传资源知识产权的深层解读",载《学术月刊》2017年第9期。

10. 胡小伟:"农业遗传资源权的生成及其体系构建",载《华中农业大学学报(社会科学版)》2017年第3期。

11. 张海燕:"遗传资源权权利主体的分析——基于遗传资源权复合式权利主体的构想",载《政治与法律》2011年第2期。

12. 唐力、卞琦娟、展进涛:"UPOV联盟派生品种对我国农业自主创新影响分析——以水稻新品种为例",载《南京农业大学学报(社会科学版)》2013年第4期。

13. 徐志刚、余金湘、章丹:"实质性派生品种制度对作物育种科技创新的影响研究",载《中国软科学》2021年第3期。

14. 万志前、张媛:"实质性派生品种制度的缘起、困境与因应",载《浙江农业学报》2020年第11期。

15. 喻亚平:"基于品种权保护的我国农作物育种制度创新研究",华中农业大学2014年博士学位论文。

16. 刘振伟:"努力提高种业知识产权保护法治化水平——关于《中华人民共和国种子法》修改",载《中国种业》2022年第2期。

17. 杨红旗等:"我国种业发展及其知识产权保护",载《中国种业》2022年第9期。

18. 王萍:"转基因作物专利制度的利益分配——以全产业链的利益关系人结构为基础",载《晋阳学刊》2018年第3期。

19. 程静、冯永泰:"乡村振兴与农业现代化发展探析",载《理论视野》2021年第4期。

20. 王术坤、韩磊:"中国种业发展形势与国际比较",载《农业现代化研究》2022年第5期。

21. 习近平:"把乡村振兴战略作为新时代'三农'工作总抓手",载《求是》2019年第11期。

22. 陈锡文:"从农村改革四十年看乡村振兴战略的提出",载《行政管理改革》2018年第4期。

23. 张海鹏、郜亮亮、闫坤:"乡村振兴战略思想的理论渊源、主要创新和实现路径",载《中国农村经济》2018年第11期。

24. 靖飞、王玉玺、宁明宇:"关于农作物种源'卡脖子'问题的思考",载《农业经济问题》2021 年第 11 期。

25. 王珍愚、单晓光："论中国对遗传资源的知识产权保护和管理"，载《中国人口·资源与环境》2009 年第 4 期。

26. 张慧鹏："唯物史观视野下的乡村振兴与农民主体性"，载《中国农业大学学报（社会科学版）》2022 年第 1 期。

27. 周汉德："农业科技更新过程中的知识产权法保护与利益平衡机制研究"，载《农业经济》2019 年第 1 期。

28. 冯晓青："知识产权法的价值构造：知识产权法利益平衡机制研究"，载《中国法学》2007 年第 1 期。

29. 吴汉东："知识产权法的制度创新本质与知识创新目标"，载《法学研究》2014 年第 3 期。

30. 张小勇："遗传资源的获取和惠益分享与知识产权"，载《环球法律评论》2005 年第 6 期。

31. 黄季焜："国家粮食安全与种业创新"，载《社会科学家》2021 年第 8 期。

32. 王传辉："知识产权法'利益平衡说'之反思：自然法与功利主义之比较"，载《交大法学》2022 年第 1 期。

33. 张锦荣等："正确看待品种权中的农民自留种权的对策"，载《现代农业科技》2019 年第 24 期。

34. 李嵩誉："环境保护责任共担的法治进路——对破解环境保护'搭便车'难题的思考"，载《现代法学》2020 年第 5 期。

35. 吴汉东："中国知识产权制度现代化的实践与发展"，载《中国法学》2022 年第 5 期。

36. 黄钢、刘平、徐世艳："加入 UPOV1991 年文本对中国种子产业的影响及对策"，载《农业科技管理》2005 年第 5 期。

37. 李菊丹："UPOV1991 实质性派生品种保护规则及启示"，载《河北法学》2012 年第 5 期。

38. 赵佳佳："新中国成立以来种子事业的发展历程与经验启示"，载《当代中国史研究》2021 年第 6 期。

39. 赵艳飞、王继永："种质资源保护和育种创新现状及发展对策——以湖南和海南两省为例",载《作物杂志》2022年第2期。

40. 王艳杰等:"全球生物剽窃案例分析与中国应对措施",载《生态与农村环境学报》2014年第2期。

41. 张建波、李婵娟:"利益铁三角:地方发展型政府的行为逻辑及其影响",载《河北学刊》2017年第2期。

42. 高洁:"植物品种权价值链利益分配问题研究",山东农业大学2012年博士学位论文。

43. 钱迎倩等:"终止子技术与生物安全",载《生物多样性》1999年第2期。

44. 黄丽娜:"论植物新品种权限制中的农民特权",载《中国种业》2011年第9期。

45. 黄平、郑勇奇:"国际植物新品种保护公约的变迁及日本和韩国经验借鉴",载《世界林业研究》2012年第3期。

46. 隋文香:"农民自繁自用授权品种繁殖材料行为探讨",载《中国集体经济》2012年第7期。

47. 张宵:"植物新品种权与农民权的冲突与协调",载《科教导刊（上旬刊）》2017年第1期。

48. 庄天慧、骆希:"小农生产主要特征、困境及与现代农业有机衔接路径研究——基于四川省的实证研究",载《农村经济》2019年第11期。

49. 李锡鹤:"请求权竞合真相——权利不可冲突之逻辑结论",载《东方法学》2013年第5期。

50. 李东海:"论品种权的保护客体与保护范围",载《中国种业》2022年第5期。

51. 贺雪峰、印子:"'小农经济'与农业现代化的路径选择——兼评农业现代化激进主义",载《政治经济学评论》2015年第2期。

52. 王鸿萌:"当小农生产遇上规模经营:不是博弈,是融合",载《农村经营管理》2018年第4期。

53. 仲佳琦等:"农民特权制度实施现状及完善建议",载《现代农业科技》2021年第22期。

54. 刘惠明、张雨溪:"现代农业发展战略下植物新品种的知识产权保护研究",载《江苏农业科学》2019年第9期。

55. 王晗:"种子绝育技术与农民留种权冲突研究",南京农业大学2014年硕士学位论文。

56. 亢升:"印度转基因棉之祸及其对中国的启示",载《南亚研究季刊》2013 年第 2 期。

57. 钭晓东:"论'关民共享原理'指引下的一体两翼模式——遗传资源知识产权惠益分享研究",载《清华法治论衡》2016 年第 0 期。

58. 王盼娣等:"《生物安全法》实施背景下生物遗传资源的安全管理",载《生物资源》2021 年第 6 期。

59. 钭晓东:"遗传资源新型战略高地争夺中的'生物剽窃'及其法律规制",载《法学杂志》2014 年第 5 期。

60. 陈杨:"ITPGRFA 中传统知识的农民权利保护模式研究",载《求索》2017 年第 4 期。

61. 詹映、朱雪忠:"国际法视野下的农民权问题初探",载《法学》2003 年第 8 期。

62. 谢鸿飞:"《民法典》物权配置的三重视角:公地悲剧、反公地悲剧与法定义务",载《比较法研究》2020 年第 4 期。

63. 郑素丽、章威、卞秀坤:"专利池代际演化的过程、模式与启示",载《科学学研究》2021 年第 1 期。

64. 毛翔:"市场优先原则在知识产权领域中的应用",载《重庆大学学报(社会科学版)》2018 年第 6 期。

65. 张春丽:"社保公平筹资分配机制研究——兼论中国社保收入分配悖论的起源",载《法学评论》2015 年第 3 期。

66. 蒋永甫:"农民发展 70 年:从'身份'到'契约'的演进",载《江汉论坛》2019 年第 12 期。

67. 仝琪:"从生存到权利——建国以来农民福利状态变迁",载《农村经济》2012 年第 4 期。

68. 赵万一:"中国农民权利的制度重构及其实现途径",载《中国法学》2012 年第 3 期。

69. 房瑞景、杨鲜翠、陈雨生:"我国种粮大户发展现状、问题与对策",载《农业经济》2016 年第 11 期。

70. 杜志雄、肖卫东:"农业规模化经营:现状、问题和政策选择",载《江淮论坛》

2019 年第 4 期。

71. 王鑫："分配正义在社会主义中国：基于分配制度的考察"，载《学海》2022 年第 2 期。

72. 王艳翚、宋晓亭："中医药传统知识利益分享思路建构"，载《河北法学》2013 年第 9 期。

73. 关爱麟、崔晓磊："税收优先权的法律适用困境及其化解"，载《税务与经济》2022 年第 2 期。

74. 秦亚东："论劳动债权优先权——公平与效率的两难选择"，载《学术交流》2008 年第 7 期。

75. 刘友华："论知识产权纠纷解决机制：以权利冲突为视角"，载《湖南科技大学学报（社会科学版）》2007 年第 2 期。

76. 李承亮："侵权赔偿体现知识产权价值的民法原理"，载《法学研究》2022 年第 3 期。

77. 陈婉玲："区际利益补偿权利生成与基本构造"，载《中国法学》2020 年第 6 期。

78. 罗蓉蓉："论标准必要专利拒绝许可行为的规制———兼谈《专利法》第 48 条第 2 款强制许可的适用"，载《时代法学》2020 年第 3 期。

79. 唐力、陈超、庄道元："中国原始品种遗传资源与水稻生产的实证研究——基于实质性派生品种制度视角"，载《资源科学》2012 年第 4 期。

80. 陈艳萍、朱瑾："基于水费承受能力的水权交易价格管制区间：以灌溉用水户水权交易为例"，载《资源科学》2021 年第 8 期。

81. 龙俊："重大突发公共事件中价格管制的正当性及其法律规制"，载《中国政法大学学报》2020 年第 3 期。

82. 郭珍、吴宇哲："基于食物安全层次性的耕地保护：政府与市场的合理边界"，载《浙江大学学报（人文社会科学版）》2017 年第 5 期。

83. 唐任伍、李楚翘："共同富裕的实现逻辑：基于市场、政府与社会'三轮驱动'的考察"，载《新疆师范大学学报（哲学社会科学版）》2022 年第 1 期。

84. 马珺："推动有效市场和有为政府更好结合：中国的探索与理论创新"，载《学术研究》2022 年第 11 期。

85. 姜安印、陈卫强："小农户存在的价值审视与定位"，载《农业经济问题》2019 年第 7 期。

86. 靳雯、吴春梅："小农经济的生存发展空间及其拓展深化"，载《农村经济》2020年第 7 期。
87. 王太平、杨峰："知识产权法中的公共领域"，载《法学研究》2008 年第 1 期。
88. 徐家力："传统知识的利用与知识产权的保护"，载《中国法学》2005 年第 6 期。
89. 巩固："自然资源国家所有权公权说再论"，载《法学研究》2015 年第 2 期。
90. 宋秀琚、史佳卉："自然资源的永久主权原则与其全球公共物品属性：问题及思考"，载《社会主义研究》2011 年第 4 期。
91. 孙名浩、李颖硕、赵富伟："生物遗传资源保护、获取与惠益分享现状和挑战"，载《环境保护》2021 年第 21 期。

二、英文论文

1. JulianM. Alston, "RaymondJ. Venner. The effect of the Us Plant Variety Protection Acton wheat genetic improvement", *Research Policy*, Vol. 31, 2002.
2. MichaelA. Heller, Rebecca S. Eisenberg, "Can Patents Deter Innovation? The Anticommonsin Biomedical Research", *Science*, Vol 280, 1998.
3. CS. Srinivasan, "Concentration in ownership of plant variety rights: some implications for developing Countries", *Food Policy* 28.
4. SahaiS, "India's plant variety protection and Farmers' Rights Act", 3 *Current Science*, 2003.
5. Bhavdish N. Hohri, B. N. Ganguly, "Microorganism diversity: Strategy and action plan", 1*Current Science* 89.

三、中文著作

1. 《马克思恩格斯全集》（第 26 卷第 1 册），人民出版社 1972 年版。
2. 《马克思恩格斯全集》（第 29 卷）（第 2 版），人民出版社 2020 年版。
3. 马庆生主编：《生物学大辞典》，广西科学技术出版社 1999 年版。

4. 李明德：《美国知识产权法》，法律出版社 2003 年版。
5. 魏后凯、闫坤主编：《中国农村发展报告（2017）——以全面深化改革激发农村发展新动能》，中国社会科学出版社 2017 年版。
6. 贺雪峰：《小农立场》，中国政法大学出版社 2013 年版。
7. 李秋零主编：《康德著作全集：纯然理性界限内的宗教 道德形而上学》（第 6 卷），中国人民大学出版社 2007 年版。

四、中文报纸

1. "中共中央国务院关于做好二〇二二年全面推进乡村振兴重点工作的意见（二〇二二年一月四日）"，载《人民日报》2022 年 2 月 23 日。
2. 李淼："我省种粮大户增至 1.5 万户 大户种田规模同比猛增 44.2%"，载《四川日报》2016 年 5 月 10 日。

五、中文译著

1. ［荷］罗尼·魏努力：《种子带来的生机——参与式植物育种》，宋一青译，中国农业出版社 2003 年版。
2. ［美］理查德·波斯纳：《法律的经济分析》（第 7 版），蒋兆康译，法律出版社 2012 年版。
3. ［古希腊］柏拉图：《理想国》，郭斌和、张竹明译，商务印书馆 1986 年版。
4. ［古希腊］亚里士多德：《尼各马可伦理学》，廖申白译注，商务印书馆 2003 年版。
5. ［美］约翰·罗尔斯：《正义论》（修订版），何怀宏、何包钢、廖申白译，中国社会科学出版社 2009 年版。
6. ［德］伊曼努尔·康德：《道德形而上学原理》，苗力田译，上海人民出版社 2005 年版。
7. ［美］塞缪尔·弗莱施哈克尔：《分配正义简史》，吴万伟译，译林出版社 2010 年版。

8. ［美］约翰·罗尔斯:《正义论》,何怀宏、何包钢、廖申白译,中国社会科学出版社 1988 年版。
9. ［日］川本隆史:《罗尔斯:正义原理》,詹献斌译,河北教育出版社 2001 年版。

附录：相关法律法规

中华人民共和国种子法（2021年修正）

目 录

第一章　总　则
第二章　种质资源保护
第三章　品种选育、审定与登记
第四章　新品种保护
第五章　种子生产经营
第六章　种子监督管理
第七章　种子进出口和对外合作
第八章　扶持措施
第九章　法律责任
第十章　附　则

第一章　总　则

第一条　为了保护和合理利用种质资源，规范品种选育、种子生产经营和管理行为，加强种业科学技术研究，鼓励育种创新，保护植物新品种权，维护种子生产经营者、使用者的合法权益，提高种子质量，发展现代种业，保障国家粮食安全，促进农业和林业的发展，制定本法。

第二条　在中华人民共和国境内从事品种选育、种子生产经营和管理等活动，适用本法。

本法所称种子，是指农作物和林木的种植材料或者繁殖材料，包括籽粒、果实、根、茎、苗、芽、叶、花等。

第三条　国务院农业农村、林业草原主管部门分别主管全国农作物种子和林木种子工作；县级以上地方人民政府农业农村、林业草原主管部门分别主管本行政区域内农作物种子和林木种子工作。

各级人民政府及其有关部门应当采取措施，加强种子执法和监督，依法惩处侵害农民权益的种子违法行为。

第四条　国家扶持种质资源保护工作和选育、生产、更新、推广使用良种，鼓励品种选育和种子生产经营相结合，奖励在种质资源保护工作和良种选育、推广等工作中成绩显著的单位和个人。

第五条　省级以上人民政府应当根据科教兴农方针和农业、林业发展的需要制定种业发展规划并组织实施。

第六条　省级以上人民政府建立种子储备制度，主要用于发生灾害时的生产需要及余缺调剂，保障农业和林业生产安全。对储备的种子应当定期检验和更新。种子储备的具体办法由国务院规定。

第七条　转基因植物品种的选育、试验、审定和推广应当进行安全性评价，并采取严格的安全控制措施。国务院农业农村、林业草原主管部门应当加强跟踪监管并及时公告有关转基因植物品种审定和推广的信息。具体办法由国务院规定。

附录：相关法律法规

第二章　种质资源保护

第八条　国家依法保护种质资源，任何单位和个人不得侵占和破坏种质资源。

禁止采集或者采伐国家重点保护的天然种质资源。因科研等特殊情况需要采集或者采伐的，应当经国务院或者省、自治区、直辖市人民政府的农业农村、林业草原主管部门批准。

第九条　国家有计划地普查、收集、整理、鉴定、登记、保存、交流和利用种质资源，重点收集珍稀、濒危、特有资源和特色地方品种，定期公布可供利用的种质资源目录。具体办法由国务院农业农村、林业草原主管部门规定。

第十条　国务院农业农村、林业草原主管部门应当建立种质资源库、种质资源保护区或者种质资源保护地。省、自治区、直辖市人民政府农业农村、林业草原主管部门可以根据需要建立种质资源库、种质资源保护区、种质资源保护地。种质资源库、种质资源保护区、种质资源保护地的种质资源属公共资源，依法开放利用。

占用种质资源库、种质资源保护区或者种质资源保护地的，需经原设立机关同意。

第十一条　国家对种质资源享有主权。任何单位和个人向境外提供种质资源，或者与境外机构、个人开展合作研究利用种质资源的，应当报国务院农业农村、林业草原主管部门批准，并同时提交国家共享惠益的方案。国务院农业农村、林业草原主管部门可以委托省、自治区、直辖市人民政府农业农村、林业草原主管部门接收申请材料。国务院农业农村、林业草原主管部门应当将批准情况通报国务院生态环境主管部门。

从境外引进种质资源的，依照国务院农业农村、林业草原主管部门的有关规定办理。

第三章　品种选育、审定与登记

第十二条　国家支持科研院所及高等院校重点开展育种的基础性、前沿性和应用技术研究以及生物育种技术研究，支持常规作物、主要造林树种育种和无性繁殖材料选育等公益性研究。

国家鼓励种子企业充分利用公益性研究成果，培育具有自主知识产权的优良品种；鼓励种子企业与科研院所及高等院校构建技术研发平台，开展主要粮食作物、重要经济作物育种攻关，建立以市场为导向、利益共享、风险共担的产学研相结合的种业技术创新体系。

国家加强种业科技创新能力建设，促进种业科技成果转化，维护种业科技人员的合法权益。

第十三条　由财政资金支持形成的育种发明专利权和植物新品种权，除涉及国家安全、国家利益和重大社会公共利益的外，授权项目承担者依法取得。

由财政资金支持为主形成的育种成果的转让、许可等应当依法公开进行，禁止私自交易。

第十四条　单位和个人因林业草原主管部门为选育林木良种建立测定林、试验林、优树收集区、基因库等而减少经济收入的，批准建立的林业草原主管部门应当按照国家有关规定给予经济补偿。

第十五条　国家对主要农作物和主要林木实行品种审定制度。主要农作物品种和主要林木品种在推广前应当通过国家级或者省级审定。由省、自治区、直辖市人民政府林业草原主管部门确定的主要林木品种实行省级审定。

申请审定的品种应当符合特异性、一致性、稳定性要求。

主要农作物品种和主要林木品种的审定办法由国务院农业农村、林业草原主管部门规定。审定办法应当体现公正、公开、科学、效率的原则，有利于产量、品质、抗性等的提高与协调，有利于适应市场和生活消费需要的品种的推广。在制定、修改审定办法时，应当充分听取育种者、种子使用者、生产经营者和相关行业代表意见。

第十六条 国务院和省、自治区、直辖市人民政府的农业农村、林业草原主管部门分别设立由专业人员组成的农作物品种和林木品种审定委员会。品种审定委员会承担主要农作物品种和主要林木品种的审定工作，建立包括申请文件、品种审定试验数据、种子样品、审定意见和审定结论等内容的审定档案，保证可追溯。在审定通过的品种依法公布的相关信息中应当包括审定意见情况，接受监督。

品种审定实行回避制度。品种审定委员会委员、工作人员及相关测试、试验人员应当忠于职守，公正廉洁。对单位和个人举报或者监督检查发现的上述人员的违法行为，省级以上人民政府农业农村、林业草原主管部门和有关机关应当及时依法处理。

第十七条 实行选育生产经营相结合，符合国务院农业农村、林业草原主管部门规定条件的种子企业，对其自主研发的主要农作物品种、主要林木品种可以按照审定办法自行完成试验，达到审定标准的，品种审定委员会应当颁发审定证书。种子企业对试验数据的真实性负责，保证可追溯，接受省级以上人民政府农业农村、林业草原主管部门和社会的监督。

第十八条 审定未通过的农作物品种和林木品种，申请人有异议的，可以向原审定委员会或者国家级审定委员会申请复审。

第十九条 通过国家级审定的农作物品种和林木良种由国务院农业农村、林业草原主管部门公告，可以在全国适宜的生态区域推广。通过省级审定的农作物品种和林木良种由省、自治区、直辖市人民政府农业农村、林业草原主管部门公告，可以在本行政区域内适宜的生态区域推广；其他省、自治区、直辖市属于同一适宜生态区的地域引种农作物品种、林木良种的，引种者应当将引种的品种和区域报所在省、自治区、直辖市人民政府农业农村、林业草原主管部门备案。

引种本地区没有自然分布的林木品种，应当按照国家引种标准通过试验。

第二十条 省、自治区、直辖市人民政府农业农村、林业草原主管部门应当完善品种选育、审定工作的区域协作机制，促进优良品种的选育和推广。

第二十一条 审定通过的农作物品种和林木良种出现不可克服的严重缺陷等情形不宜继续推广、销售的，经原审定委员会审核确认后，撤销审定，由原公告部门发布公告，停止推广、销售。

第二十二条 国家对部分非主要农作物实行品种登记制度。列入非主要农作物登记目录的品种在推广前应当登记。

实行品种登记的农作物范围应当严格控制，并根据保护生物多样性、保证消费安全和用种安全的原则确定。登记目录由国务院农业农村主管部门制定和调整。

申请者申请品种登记应当向省、自治区、直辖市人民政府农业农村主管部门提交申请文件和种子样品，并对其真实性负责，保证可追溯，接受监督检查。申请文件包括品种的种类、名称、来源、特性、育种过程以及特异性、一致性、稳定性测试报告等。

省、自治区、直辖市人民政府农业农村主管部门自受理品种登记申请之日起二十个工作日内，对申请者提交的申请文件进行书面审查，符合要求的，报国务院农业农村主管部门予以登记公告。

对已登记品种存在申请文件、种子样品不实的，由国务院农业农村主管部门撤销该品种登记，并将该申请者的违法信息记入社会诚信档案，向社会公布；给种子使用者和其他种子生产经营者造成损失的，依法承担赔偿责任。

对已登记品种出现不可克服的严重缺陷等情形的，由国务院农业农村主管部门撤销登记，并发布公告，停止推广。

非主要农作物品种登记办法由国务院农业农村主管部门规定。

第二十三条 应当审定的农作物品种未经审定的，不得发布广告、推广、销售。

应当审定的林木品种未经审定通过的，不得作为良种推广、销售，但生产确需使用的，应当经林木品种审定委员会认定。

应当登记的农作物品种未经登记的，不得发布广告、推广，不得以登记品种的名义销售。

第二十四条 在中国境内没有经常居所或者营业场所的境外机构、个人在境内申请品种审定或者登记的，应当委托具有法人资格的境内种子企业代理。

第四章　新品种保护

第二十五条 国家实行植物新品种保护制度。对国家植物品种保护名录内经过人工选育或者发现的野生植物加以改良，具备新颖性、特异性、一致性、稳定性和适当命名的植物品种，由国务院农业农村、林业草原主管部门授予植物新品种权，保护植物新品种权所有人的合法权益。植物新品种权的内容和归属、授予条件、申请和受理、审查与批准，以及期限、终止和无效等依照本法、有关法律和行政法规规定执行。

国家鼓励和支持种业科技创新、植物新品种培育及成果转化。取得植物新品种权的品种得到推广应用的，育种者依法获得相应的经济利益。

第二十六条 一个植物新品种只能授予一项植物新品种权。两个以上的申请人分别就同一个品种申请植物新品种权的,植物新品种权授予最先申请的人;同时申请的,植物新品种权授予最先完成该品种育种的人。

对违反法律,危害社会公共利益、生态环境的植物新品种,不授予植物新品种权。

第二十七条 授予植物新品种权的植物新品种名称,应当与相同或者相近的植物属或者种中已知品种的名称相区别。该名称经授权后即为该植物新品种的通用名称。

下列名称不得用于授权品种的命名:

(一) 仅以数字表示的;

(二) 违反社会公德的;

(三) 对植物新品种的特征、特性或者育种者身份等容易引起误解的。

同一植物品种在申请新品种保护、品种审定、品种登记、推广、销售时只能使用同一个名称。生产推广、销售的种子应当与申请植物新品种保护、品种审定、品种登记时提供的样品相符。

第二十八条 植物新品种权所有人对其授权品种享有排他的独占权。植物新品种权所有人可以将植物新品种权许可他人实施,并按照合同约定收取许可使用费;许可使用费可以采取固定价款、从推广收益中提成等方式收取。

任何单位或者个人未经植物新品种权所有人许可,不得生产、繁殖和为繁殖而进行处理、许诺销售、销售、进口、出口以及为实施上述行为储存该授权品种的繁殖材料,不得为商业目的将该授权品种的繁殖材料重复使用于生产另一品种的繁殖材料。本法、有关法律、行政法规另有规定的除外。

实施前款规定的行为,涉及由未经许可使用授权品种的繁殖材料而获得的收获材料的，应当得到植物新品种权所有人的许可；但是，植物新品种权所有人对繁殖材料已有合理机会行使其权利的除外。

对实质性派生品种实施第二款、第三款规定行为的，应当征得原始品种的植物新品种权所有人的同意。

实质性派生品种制度的实施步骤和办法由国务院规定。

第二十九条　在下列情况下使用授权品种的，可以不经植物新品种权所有人许可，不向其支付使用费，但不得侵犯植物新品种权所有人依照本法、有关法律、行政法规享有的其他权利：

（一）利用授权品种进行育种及其他科研活动；

（二）农民自繁自用授权品种的繁殖材料。

第三十条　为了国家利益或者社会公共利益，国务院农业农村、林业草原主管部门可以作出实施植物新品种权强制许可的决定，并予以登记和公告。

取得实施强制许可的单位或者个人不享有独占的实施权，并且无权允许他人实施。

第五章　种子生产经营

第三十一条　从事种子进出口业务的种子生产经营许可证，由国务院农业农村、林业草原主管部门核发。国务院农业农村、林业草原主管部门可以委托省、自治区、直辖市人民政府农业农村、林业草原主管部门接收申请材料。

从事主要农作物杂交种子及其亲本种子、林木良种繁殖材料生产经营的，以及符合国务院农业农村主管部门规定条件的实行选育生产经营相结合的农作物种子企业的种子生产经营许可证，由省、自治区、直辖市人民政府农业农村、林业草原主管部门核发。

前两款规定以外的其他种子的生产经营许可证，由生产经营者所在地县级以上地方人民政府农业农村、林业草原主管部门核发。

只从事非主要农作物种子和非主要林木种子生产的，不需要办理种子生产经营许可证。

第三十二条 申请取得种子生产经营许可证的，应当具有与种子生产经营相适应的生产经营设施、设备及专业技术人员，以及法规和国务院农业农村、林业草原主管部门规定的其他条件。

从事种子生产的，还应当同时具有繁殖种子的隔离和培育条件，具有无检疫性有害生物的种子生产地点或者县级以上人民政府林业草原主管部门确定的采种林。

申请领取具有植物新品种权的种子生产经营许可证的，应当征得植物新品种权所有人的书面同意。

第三十三条 种子生产经营许可证应当载明生产经营者名称、地址、法定代表人、生产种子的品种、地点和种子经营的范围、有效期限、有效区域等事项。

前款事项发生变更的，应当自变更之日起三十日内，向原核发许可证机关申请变更登记。

除本法另有规定外，禁止任何单位和个人无种子生产经营许可证或者违反种子生产经营许可证的规定生产、经营种子。禁止伪造、变造、买卖、租借种子生产经营许可证。

第三十四条 种子生产应当执行种子生产技术规程和种子检验、检疫规程，保证种子符合净度、纯度、发芽率等质量要求和检疫要求。

县级以上人民政府农业农村、林业草原主管部门应当指导、支持种子生产经营者采用先进的种子生产技术，改进生产工艺，提高种子质量。

第三十五条 在林木种子生产基地内采集种子的，由种子生产基地的经营者组织进行，采集种子应当按照国家有关标准进行。

禁止抢采掠青、损坏母树，禁止在劣质林内、劣质母树上采集种子。

第三十六条 种子生产经营者应当建立和保存包括种子来源、产地、数量、质量、销售去向、销售日期和有关责任人员等内容的生产经营档案，保证可追溯。种子生产经营档案的具体载明事项，种子生产经营档案及种子样品的保存期限由国务院农业农村、林业草原主管部门规定。

第三十七条 农民个人自繁自用的常规种子有剩余的，可以在当地集贸市场上出售、串换，不需要办理种子生产经营许可证。

第三十八条 种子生产经营许可证的有效区域由发证机关在其管辖范围内确定。种子生产经营者在种子生产经营许可证载明的有效区域设立分支机构的，专门经营不再分装的包装种子的，或者受具有种子生产经营许可证的种子生产经营者以书面委托生产、代销其种子的，不需要办理种子生产经营许可证，但应当向当地农业农村、林业草原主管部门备案。

实行选育生产经营相结合，符合国务院农业农村、林业草原主管部门规定条件的种子企业的生产经营许可证的有效区域为全国。

第三十九条 销售的种子应当加工、分级、包装。但是不能加工、包装的除外。

大包装或者进口种子可以分装；实行分装的，应当标注分装单位，并对种子质量负责。

第四十条 销售的种子应当符合国家或者行业标准，附有标签和使用说明。标签和使用说明标注的内容应当与销售的种子相符。种子生产经营者对标注内容的真实性和种子质量负责。

标签应当标注种子类别、品种名称、品种审定或者登记编号、品种适宜种植区域及季节、生产经营者及注册地、质量指标、检疫证明编号、种子生产经营许可证编号和信息代码，以及国务院农业农村、林业草原主管部门规定的其他事项。

销售授权品种种子的，应当标注品种权号。

销售进口种子的，应当附有进口审批文号和中文标签。

销售转基因植物品种种子的，必须用明显的文字标注，并应当提示使用时的安全控制措施。

种子生产经营者应当遵守有关法律、法规的规定，诚实守信，向种子使用者提供种子生产者信息、种子的主要性状、主要栽培措施、适应性等使用条件的说明、风险提示与有关咨询服务，不得作虚假或者引人误解的宣传。

任何单位和个人不得非法干预种子生产经营者的生产经营自主权。

第四十一条 种子广告的内容应当符合本法和有关广告的法律、法规的规定，主要性状描述等应当与审定、登记公告一致。

第四十二条 运输或者邮寄种子应当依照有关法律、行政法规的规定进行检疫。

第四十三条 种子使用者有权按照自己的意愿购买种子，任何单位和个人不得非法干预。

第四十四条 国家对推广使用林木良种造林给予扶持。国家投资或者国家投资为主的造林项目和国有林业单位造林，应当根据林业草原主管部门制定的计划使用林木良种。

第四十五条 种子使用者因种子质量问题或者因种子的标签和使用说明标注的内容不真实，遭受损失的，种子使用者可以向出售种子的经营者要求赔偿，也可以向种子生产者或者其他经营者要求赔偿。赔偿额包括购种价款、可得利益损失和其他损失。属于种子生产者或者其他经营者责任的，出售种子的经营者赔偿后，有权向种子生产者或者其他经营者追偿；属于出售种子的经营者责任的，种子生产者或者其他经营者赔偿后，有权向出售种子的经营者追偿。

第六章　种子监督管理

第四十六条　农业农村、林业草原主管部门应当加强对种子质量的监督检查。种子质量管理办法、行业标准和检验方法，由国务院农业农村、林业草原主管部门制定。

农业农村、林业草原主管部门可以采用国家规定的快速检测方法对生产经营的种子品种进行检测，检测结果可以作为行政处罚依据。被检查人对检测结果有异议的，可以申请复检，复检不得采用同一检测方法。因检测结果错误给当事人造成损失的，依法承担赔偿责任。

第四十七条　农业农村、林业草原主管部门可以委托种子质量检验机构对种子质量进行检验。

承担种子质量检验的机构应当具备相应的检测条件、能力，并经省级以上人民政府有关主管部门考核合格。

种子质量检验机构应当配备种子检验员。种子检验员应当具有中专以上有关专业学历，具备相应的种子检验技术能力和水平。

第四十八条　禁止生产经营假、劣种子。农业农村、林业草原主管部门和有关部门依法打击生产经营假、劣种子的违法行为，保护农民合法权益，维护公平竞争的市场秩序。

下列种子为假种子：

（一）以非种子冒充种子或者以此种品种种子冒充其他品种种子的；

（二）种子种类、品种与标签标注的内容不符或者没有标签的。

下列种子为劣种子：

（一）质量低于国家规定标准的；

（二）质量低于标签标注指标的；

（三）带有国家规定的检疫性有害生物的。

第四十九条 农业农村、林业草原主管部门是种子行政执法机关。种子执法人员依法执行公务时应当出示行政执法证件。农业农村、林业草原主管部门依法履行种子监督检查职责时，有权采取下列措施：

（一）进入生产经营场所进行现场检查；

（二）对种子进行取样测试、试验或者检验；

（三）查阅、复制有关合同、票据、账簿、生产经营档案及其他有关资料；

（四）查封、扣押有证据证明违法生产经营的种子，以及用于违法生产经营的工具、设备及运输工具等；

（五）查封违法从事种子生产经营活动的场所。

农业农村、林业草原主管部门依照本法规定行使职权，当事人应当协助、配合，不得拒绝、阻挠。

农业农村、林业草原主管部门所属的综合执法机构或者受其委托的种子管理机构，可以开展种子执法相关工作。

第五十条 种子生产经营者依法自愿成立种子行业协会，加强行业自律管理，维护成员合法权益，为成员和行业发展提供信息交流、技术培训、信用建设、市场营销和咨询等服务。

第五十一条 种子生产经营者可自愿向具有资质的认证机构申请种子质量认证。经认证合格的，可以在包装上使用认证标识。

第五十二条 由于不可抗力原因，为生产需要必须使用低于国家或者地方规定标准的农作物种子的，应当经用种地县级以上地方人民政府批准。

第五十三条 从事品种选育和种子生产经营以及管理的单位和个人应当遵守有关植物检疫法律、行政法规的规定，防止植物危险性病、虫、杂草及其他有害生物的传播和蔓延。

禁止任何单位和个人在种子生产基地从事检疫性有害生物接种试验。

第五十四条 省级以上人民政府农业农村、林业草原主管部门应当在统一的政府信息发布平台上发布品种审定、品种登记、新品种保护、种子生产经营许可、监督管理等信息。

国务院农业农村、林业草原主管部门建立植物品种标准样品库，为种子监督管理提供依据。

第五十五条 农业农村、林业草原主管部门及其工作人员，不得参与和从事种子生产经营活动。

第七章 种子进出口和对外合作

第五十六条 进口种子和出口种子必须实施检疫，防止植物危险性病、虫、杂草及其他有害生物传入境内和传出境外，具体检疫工作按照有关植物进出境检疫法律、行政法规的规定执行。

第五十七条 从事种子进出口业务的，应当具备种子生产经营许可证；其中，从事农作物种子进出口业务的，还应当按照国家有关规定取得种子进出口许可。

从境外引进农作物、林木种子的审定权限，农作物种子的进口审批办法，引进转基因植物品种的管理办法，由国务院规定。

第五十八条 进口种子的质量，应当达到国家标准或者行业标准。没有国家标准或者行业标准的，可以按照合同约定的标准执行。

第五十九条 为境外制种进口种子的，可以不受本法第五十七条第一款的限制，但应当具有对外制种合同，进口的种子只能用于制种，其产品不得在境内销售。

从境外引进农作物或者林木试验用种，应当隔离栽培，收获物也不得作为种子销售。

第六十条 禁止进出口假、劣种子以及属于国家规定不得进出口的种子。

第六十一条 国家建立种业国家安全审查机制。境外机构、个人投资、并购境内种子企业，或者与境内科研院所、种子企业开展技术合作，从事品种研发、种子生产经营的审批管理依照有关法律、行政法规的规定执行。

第八章 扶持措施

第六十二条 国家加大对种业发展的支持。对品种选育、生产、示范推广、种质资源保护、种子储备以及制种大县给予扶持。

国家鼓励推广使用高效、安全制种采种技术和先进适用的制种采种机械，将先进适用的制种采种机械纳入农机具购置补贴范围。

国家积极引导社会资金投资种业。

第六十三条 国家加强种业公益性基础设施建设，保障育种科研设施用地合理需求。

对优势种子繁育基地内的耕地，划入永久基本农田。优势种子繁育基地由国务院农业农村主管部门商所在省、自治区、直辖市人民政府确定。

第六十四条 对从事农作物和林木品种选育、生产的种子企业，按照国家有关规定给予扶持。

第六十五条 国家鼓励和引导金融机构为种子生产经营和收储提供信贷支持。

第六十六条 国家支持保险机构开展种子生产保险。省级以上人民政府可以采取保险费补贴等措施，支持发展种业生产保险。

第六十七条 国家鼓励科研院所及高等院校与种子企业开展育种科技人员交流，支持本单位的科技人员到种子企业从事育种成果转化活动；鼓励育种科研人才创新创业。

第六十八条　国务院农业农村、林业草原主管部门和异地繁育种子所在地的省、自治区、直辖市人民政府应当加强对异地繁育种子工作的管理和协调，交通运输部门应当优先保证种子的运输。

第九章　法律责任

第六十九条　农业农村、林业草原主管部门不依法作出行政许可决定，发现违法行为或者接到对违法行为的举报不予查处，或者有其他未依照本法规定履行职责的行为的，由本级人民政府或者上级人民政府有关部门责令改正，对负有责任的主管人员和其他直接责任人员依法给予处分。

违反本法第五十五条规定，农业农村、林业草原主管部门工作人员从事种子生产经营活动的，依法给予处分。

第七十条　违反本法第十六条规定，品种审定委员会委员和工作人员不依法履行职责，弄虚作假、徇私舞弊的，依法给予处分；自处分决定作出之日起五年内不得从事品种审定工作。

第七十一条　品种测试、试验和种子质量检验机构伪造测试、试验、检验数据或者出具虚假证明的，由县级以上人民政府农业农村、林业草原主管部门责令改正，对单位处五万元以上十万元以下罚款，对直接负责的主管人员和其他直接责任人员处一万元以上五万元以下罚款；有违法所得的，并处没收违法所得；给种子使用者和其他种子生产经营者造成损失的，与种子生产经营者承担连带责任；情节严重的，由省级以上人民政府有关主管部门取消种子质量检验资格。

第七十二条　违反本法第二十八条规定，有侵犯植物新品种权行为的，由当事人协商解决，不愿协商或者协商不成的，植物新品种权所有人或者利害关系人可以请求县级以上人民政府农业农村、林业草原主管部门进行处理，也可以直接向人民法院提起诉讼。

县级以上人民政府农业农村、林业草原主管部门，根据当事人自愿的原则，对侵犯植物新品种权所造成的损害赔偿可以进行调解。调解达成协议的，当事人应当履行；当事人不履行协议或者调解未达成协议的，植物新品种权所有人或者利害关系人可以依法向人民法院提起诉讼。

侵犯植物新品种权的赔偿数额按照权利人因被侵权所受到的实际损失确定；实际损失难以确定的，可以按照侵权人因侵权所获得的利益确定。权利人的损失或者侵权人获得的利益难以确定的，可以参照该植物新品种权许可使用费的倍数合理确定。故意侵犯植物新品种权，情节严重的，可以在按照上述方法确定数额的一倍以上五倍以下确定赔偿数额。

权利人的损失、侵权人获得的利益和植物新品种权许可使用费均难以确定的，人民法院可以根据植物新品种权的类型、侵权行为的性质和情节等因素，确定给予五百万元以下的赔偿。

赔偿数额应当包括权利人为制止侵权行为所支付的合理开支。

县级以上人民政府农业农村、林业草原主管部门处理侵犯植物新品种权案件时，为了维护社会公共利益，责令侵权人停止侵权行为，没收违法所得和种子；货值金额不足五万元的，并处一万元以上二十五万元以下罚款；货值金额五万元以上的，并处货值金额五倍以上十倍以下罚款。

假冒授权品种的，由县级以上人民政府农业农村、林业草原主管部门责令停止假冒行为，没收违法所得和种子；货值金额不足五万元的，并处一万元以上二十五万元以下罚款；货值金额五万元以上的，并处货值金额五倍以上十倍以下罚款。

第七十三条 当事人就植物新品种的申请权和植物新品种权的权属

发生争议的，可以向人民法院提起诉讼。

第七十四条 违反本法第四十八条规定，生产经营假种子的，由县级以上人民政府农业农村、林业草原主管部门责令停止生产经营，没收违法所得和种子，吊销种子生产经营许可证；违法生产经营的货值金额不足二万元的，并处二万元以上二十万元以下罚款；货值金额二万元以上的，并处货值金额十倍以上二十倍以下罚款。

因生产经营假种子犯罪被判处有期徒刑以上刑罚的，种子企业或者其他单位的法定代表人、直接负责的主管人员自刑罚执行完毕之日起五年内不得担任种子企业的法定代表人、高级管理人员。

第七十五条 违反本法第四十八条规定，生产经营劣种子的，由县级以上人民政府农业农村、林业草原主管部门责令停止生产经营，没收违法所得和种子；违法生产经营的货值金额不足二万元的，并处一万元以上十万元以下罚款；货值金额二万元以上的，并处货值金额五倍以上十倍以下罚款；情节严重的，吊销种子生产经营许可证。

因生产经营劣种子犯罪被判处有期徒刑以上刑罚的，种子企业或者其他单位的法定代表人、直接负责的主管人员自刑罚执行完毕之日起五年内不得担任种子企业的法定代表人、高级管理人员。

第七十六条 违反本法第三十二条、第三十三条、第三十四条规定，有下列行为之一的，由县级以上人民政府农业农村、林业草原主管部门责令改正，没收违法所得和种子；违法生产经营的货值金额不足一万元的，并处三千元以上三万元以下罚款；货值金额一万元以上的，并处货值金额三倍以上五倍以下罚款；可以吊销种子生产经营许可证：

（一）未取得种子生产经营许可证生产经营种子的；

（二）以欺骗、贿赂等不正当手段取得种子生产经营许可证的；

（三）未按照种子生产经营许可证的规定生产经营种子的；

（四）伪造、变造、买卖、租借种子生产经营许可证的；

（五）不再具有繁殖种子的隔离和培育条件，或者不再具有无检疫性有害生物的种子生产地点或者县级以上人民政府林业草原主管部门确定的采种林，继续从事种子生产的；

（六）未执行种子检验、检疫规程生产种子的。

被吊销种子生产经营许可证的单位，其法定代表人、直接负责的主管人员自处罚决定作出之日起五年内不得担任种子企业的法定代表人、高级管理人员。

第七十七条 违反本法第二十一条、第二十二条、第二十三条规定，有下列行为之一的，由县级以上人民政府农业农村、林业草原主管部门责令停止违法行为，没收违法所得和种子，并处二万元以上二十万元以下罚款：

（一）对应当审定未经审定的农作物品种进行推广、销售的；

（二）作为良种推广、销售应当审定未经审定的林木品种的；

（三）推广、销售应当停止推广、销售的农作物品种或者林木良种的；

（四）对应当登记未经登记的农作物品种进行推广，或者以登记品种的名义进行销售的；

（五）对已撤销登记的农作物品种进行推广，或者以登记品种的名义进行销售的。

违反本法第二十三条、第四十一条规定，对应当审定未经审定或者应当登记未经登记的农作物品种发布广告，或者广告中有关品种的主要性状描述的内容与审定、登记公告不一致的，依照《中华人民共和国广告法》的有关规定追究法律责任。

第七十八条 违反本法第五十七条、第五十九条、第六十条规定，有下列行为之一的，由县级以上人民政府农业农村、林业草原主管部门责令改正，没收违法所得和种子；违法生产经营的货值金额不足一万元的，并处三千元以上三万元以下罚款；货值金额一万元以上的，并处货值金额三倍以上五倍以下罚款；情节严重的，吊销种子生产经营许可证：

（一）未经许可进出口种子的；

（二）为境外制种的种子在境内销售的；

（三）从境外引进农作物或者林木种子进行引种试验的收获物作为种子在境内销售的；

（四）进出口假、劣种子或者属于国家规定不得进出口的种子的。

第七十九条 违反本法第三十六条、第三十八条、第三十九条、第四十条规定，有下列行为之一的，由县级以上人民政府农业农村、林业草原主管部门责令改正，处二千元以上二万元以下罚款：

（一）销售的种子应当包装而没有包装的；

（二）销售的种子没有使用说明或者标签内容不符合规定的；

（三）涂改标签的；

（四）未按规定建立、保存种子生产经营档案的；

（五）种子生产经营者在异地设立分支机构、专门经营不再分装的包装种子或者受委托生产、代销种子，未按规定备案的。

第八十条 违反本法第八条规定，侵占、破坏种质资源，私自采集或者采伐国家重点保护的天然种质资源的，由县级以上人民政府农业农村、林业草原主管部门责令停止违法行为，没收种质资源和违法所得，并处五千元以上五万元以下罚款；造成损失的，依法承担赔偿责任。

第八十一条 违反本法第十一条规定，向境外提供或者从境外引进种质资源，或者与境外机构、个人开展合作研究利用种质资源的，由国务院或者省、自治区、直辖市人民政府的农业农村、林业草原主管部门没收种质资源和违法所得，并处二万元以上二十万元以下罚款。

未取得农业农村、林业草原主管部门的批准文件携带、运输种质资源出境的，海关应当将该种质资源扣留，并移送省、自治区、直辖市人民政府农业农村、林业草原主管部门处理。

第八十二条 违反本法第三十五条规定，抢采掠青、损坏母树或者在劣质林内、劣质母树上采种的，由县级以上人民政府林业草原主管部门责令停止采种行为，没收所采种子，并处所采种子货值金额二倍以上五倍以下罚款。

第八十三条 违反本法第十七条规定，种子企业有造假行为的，由省级以上人民政府农业农村、林业草原主管部门处一百万元以上五百万元以下罚款；不得再依照本法第十七条的规定申请品种审定；给种子使用者和其他种子生产经营者造成损失的，依法承担赔偿责任。

第八十四条 违反本法第四十四条规定，未根据林业草原主管部门制定的计划使用林木良种的，由同级人民政府林业草原主管部门责令限期改正；逾期未改正的，处三千元以上三万元以下罚款。

第八十五条 违反本法第五十三条规定，在种子生产基地进行检疫性有害生物接种试验的，由县级以上人民政府农业农村、林业草原主管部门责令停止试验，处五千元以上五万元以下罚款。

第八十六条 违反本法第四十九条规定，拒绝、阻挠农业农村、林业草原主管部门依法实施监督检查的，处二千元以上五万元以下罚款，可以责令停产停业整顿；构成违反治安管理行为的，由公安机关依法给予治安管理处罚。

第八十七条 违反本法第十三条规定，私自交易育种成果，给本单位造成经济损失的，依法承担赔偿责任。

第八十八条 违反本法第四十三条规定，强迫种子使用者违背自己的意愿购买、使用种子，给使用者造成损失的，应当承担赔偿责任。

第八十九条 违反本法规定，构成犯罪的，依法追究刑事责任。

第十章　附　则

第九十条　本法下列用语的含义是：

（一）种质资源是指选育植物新品种的基础材料，包括各种植物的栽培种、野生种的繁殖材料以及利用上述繁殖材料人工创造的各种植物的遗传材料。

（二）品种是指经过人工选育或者发现并经过改良，形态特征和生物学特性一致，遗传性状相对稳定的植物群体。

（三）主要农作物是指稻、小麦、玉米、棉花、大豆。

（四）主要林木由国务院林业草原主管部门确定并公布；省、自治区、直辖市人民政府林业草原主管部门可以在国务院林业草原主管部门确定的主要林木之外确定其他八种以下的主要林木。

（五）林木良种是指通过审定的主要林木品种，在一定的区域内，其产量、适应性、抗性等方面明显优于当前主栽材料的繁殖材料和种植材料。

（六）新颖性是指申请植物新品种权的品种在申请日前，经申请权人自行或者同意销售、推广其种子，在中国境内未超过一年；在境外，木本或者藤本植物未超过六年，其他植物未超过四年。

本法施行后新列入国家植物品种保护名录的植物的属或者种，从名录公布之日起一年内提出植物新品种权申请的，在境内销售、推广该品种种子未超过四年的，具备新颖性。

除销售、推广行为丧失新颖性外，下列情形视为已丧失新颖性：

1. 品种经省、自治区、直辖市人民政府农业农村、林业草原主管部门依据播种面积确认已经形成事实扩散的；

2. 农作物品种已审定或者登记两年以上未申请植物新品种权的。

（七）特异性是指一个植物品种有一个以上性状明显区别于已知

品种。

（八）一致性是指一个植物品种的特性除可预期的自然变异外，群体内个体间相关的特征或者特性表现一致。

（九）稳定性是指一个植物品种经过反复繁殖后或者在特定繁殖周期结束时，其主要性状保持不变。

（十）实质性派生品种是指由原始品种实质性派生，或者由该原始品种的实质性派生品种派生出来的品种，与原始品种有明显区别，并且除派生引起的性状差异外，在表达由原始品种基因型或者基因型组合产生的基本性状方面与原始品种相同。

（十一）已知品种是指已受理申请或者已通过品种审定、品种登记、新品种保护，或者已经销售、推广的植物品种。

（十二）标签是指印制、粘贴、固定或者附着在种子、种子包装物表面的特定图案及文字说明。

第九十一条 国家加强中药材种质资源保护，支持开展中药材育种科学技术研究。

草种、烟草种、中药材种、食用菌菌种的种质资源管理和选育、生产经营、管理等活动，参照本法执行。

第九十二条 本法自 2016 年 1 月 1 日起施行。

后　记

　　书稿出版之际，衷心感谢中国政法大学出版社相关领导耐心细致的指导，丁春晖编辑周到热心的沟通、帮助和服务。

　　历史的经验表明，育种科技进步是提升农业生产力、促进粮食增产的关键。因此，在乡村振兴战略的大背景下，作为激励育种创新关键的种业知识产权保护法律制度具有重要的研究价值。本书为作者在长期关注乡村振兴战略的实施、专门研究种业知识产权保护法律制度过程中探索与思考的阶段成果，希望对种业知识产权保护相关理论问题的研究与法律制度的发展完善提供裨益。

　　本书总共六章，其中，龙圣锦副教授执笔撰写第一章和第二章，共计2万字，余下的章节由陶弈成博士执笔撰写，共计8.4万字。